Le Festin Végétal
Une Cuisine Saine et Gourmande

Camille Rousseau

Table des matières

Brocoli et betterave rôtis 10

Chou-fleur et panais rôtis... 12

Carottes et betteraves rôties.. 14

Chou et betterave rôtis.. 16

Brocoli cuit au four à la façon du Sichuan..................................... 18

Champignons Shitake et chou-fleur au four 20

Carottes épicées au four 22

Chou-fleur fumé au four 24

Enoki au four et pleurotes 26

Chou frisé rôti et épinards 28

Cresson et brocoli rôtis 30

chou frisé et chou frit... 33

Champignons triples grillés 35

Asperges et betteraves rôties 37

Brocoli et chou de chou-fleur rôti.. 39

Germes de soja rôtis et chou-fleur... 41

Carottes et patates douces rôties... 43

Chou rouge rôti et brocoli... 45

Pommes de terre carottes rôties au beurre et mini chou............... 48

Carottes de pommes de terre au four et choux de Bruxelles 50

Pommes de terre rôties et asperges 52

Asperges françaises et patates douces au four 54
Panais et asperges au four 56
Carottes et asperges au beurre d'ail rôti 58
Asperges rôties au beurre ail-lime 60
Panais rôtis au beurre d'ail et citron 62
Navets et asperges rôtis 65
Panais fumés rôtis 67
Brocoli et asperges rôtis 69
Chou-fleur et asperges rôtis à la thaïlandaise 71
Asperges et pommes de terre rôties au citron 73
Betteraves et carottes aux noix grillées 75
Betteraves italiennes rôties et asperges 77
Racine de manioc rôtie et asperges 79
Betteraves rôties, navets et asperges 81
Betterave rôtie et racine de manioc 83
Pomme de terre aux noix rôties et patate douce 85
Chou-rave rôti et igname violette 88
Ignames et asperges rôties 90
Asperges et panais à la racine de manioc au four 92
Brocolis et asperges de chou-rave au four 94
Brocoli et carottes au four asiatique 96
Choux de Bruxelles au four et oignons glacés au balsamique 98
Chou rouge au four et oignon rouge 100
Mini chou au four avec grains de poivre arc-en-ciel 103

Chou napa rôti avec glaçage balsamique 105
Chou de Milan rôti et oignon rouge 107
Chou rouge rôti avec glaçage balsamique 109
Soupe italienne à l'oignon rouge 112
Soupe rouge française 114
Soupe de panais à la française 117
Soupe d'oignons rouges et de panais 119
soupe au pesto de carottes 121
Soupe de tomates et citronnelle 123
Soupe chinoise aux navets 125
Soupe de pommes de terre rôties et pois chiches 127
Soupe de patates douces rôties et haricots 129
Soupe française de pommes de terre et pois chiches 131
Soupe épicée aux tomates et pommes de terre 133
Chou-fleur et tomates rôties 135
Chou-fleur fumé au four et ail 137
Brocoli et chou-fleur rôtis 139
Pois chiches rôtis et brocoli 140
Tomates cerises rôties et pois chiches 142
Pois chiches végétaliens italiens rôtis au beurre 144
Choux de Bruxelles rôtis 146
Chou-fleur et champignons rôtis 148
Haricots noirs épicés et tomates rôties 150
Chou-fleur rôti nature 152

Brocolis et tomates rôtis simples 154

Pommes rôties simples et chou rouge 156

épinards et cerises grillées 157

Coeurs de chou frisé rôti et artichauts 158

Chou napa et carottes rôtis 159

Carottes rôties et cresson 160

Chou frisé rôti simple, cœur d'artichaut et chou rouge 161

Petites carottes et épinards rôtis au chou Napa 162

Épinards rôtis et cresson de carotte 163

Coeurs de cornet rôtis et chou rouge 164

Chou frisé rôti et chou rouge 165

Chou napa et chou frisé rôtis 166

Haricots beurre rôtis et courge musquée 168

Haricots noirs rôtis et courge musquée 170

Haricots et pommes de terre rôtis 172

Pomme de terre au four et panais 174

Haricots beurre rôtis à l'orientale et courge musquée 176

Haricots fumés rôtis et pommes de terre 178

Champignons et pommes de terre rôties 180

Pommes de terre au four et patates douces 182

Haricots beurre rôtis et courge musquée 184

Tomates rôties et germes de soja 186

Carotte rôtie Panais Navet 188

Tomates aromatiques rôties 190

Germes de soja orientaux rôtis et brocoli...192

Brocoli et oignon rôtis..194

Choux de Bruxelles rôtis et germes de soja 196

Haricots beurre rôtis et brocoli 199

Pommes de terre au four au citron et à l'ail..201

Brocoli rôti au beurre 203

Brocoli rôti et germes de soja..205

Panais et pommes de terre rôtis simples et faciles...............................207

Betterave et pomme de terre au four...209

Carottes et patates douces rôties...211

Épinards et panais au four...214

Chou frisé rôti et patates douces..216

Cresson au four et carottes façon Sichuan...218

Brocoli et betterave rôtis

ingrédients

1 ½ dl de choux de Bruxelles hachés

1 tasse de gros morceaux de pommes de terre

1 tasse de gros morceaux de carottes

1½ tasse de fleurons de brocoli

1 tasse de betteraves coupées en dés

1/2 tasse de morceaux d'oignon jaune

2 cuillères à soupe d'huile de sésame

sel et poivre noir moulu au goût

Préchauffez votre four à 425 degrés F (220 degrés C).

Placez la grille au deuxième niveau le plus bas du four.

Versez de l'eau avec un peu de sel dans un récipient.

Faites tremper les choux de Bruxelles dans de l'eau salée pendant 15 minutes et égouttez-les.

Mélangez le reste des ingrédients dans un bol.

Étalez les légumes en une seule couche sur une plaque à pâtisserie.

Rôtir au four jusqu'à ce que les légumes commencent à dorer et à bien cuire, environ 45 minutes.

Chou-fleur et panais rôtis

ingrédients

1 ½ dl de petit chou haché

1 tasse de gros morceaux de pommes de terre

1 tasse de gros panais, hachés

1½ tasse de fleurons de chou-fleur

1 tasse de betteraves coupées en dés

1/2 tasse de morceaux d'oignon rouge

2 cuillères à soupe d'huile d'olive extra vierge

sel et poivre noir moulu au goût

Préchauffez votre four à 425 degrés F (220 degrés C).

Placez la grille au deuxième niveau le plus bas du four.

Versez de l'eau avec un peu de sel dans un récipient.

Faites tremper les mini choux dans de l'eau salée pendant 15 minutes et égouttez-les.

Mélangez le reste des ingrédients dans un bol.

Étalez les légumes en une seule couche sur une plaque à pâtisserie.

Rôtir au four jusqu'à ce que les légumes commencent à dorer et à bien cuire, environ 45 minutes.

Carottes et betteraves rôties

ingrédients

1 ½ dl de chou violet haché

1 tasse de gros morceaux de patate douce

1 tasse de gros morceaux de carottes

1½ tasse de fleurons de chou-fleur

1 tasse de betteraves coupées en dés

1/2 tasse de morceaux d'oignon rouge

2 cuillères à soupe d'huile d'olive extra vierge

sel et poivre noir moulu au goût

Préchauffez votre four à 425 degrés F (220 degrés C).

Placez la grille au deuxième niveau le plus bas du four.

Versez de l'eau avec un peu de sel dans un récipient.

Faire tremper le chou violet dans de l'eau salée pendant 15 minutes et égoutter.

Mélangez le reste des ingrédients dans un bol.

Étalez les légumes en une seule couche sur une plaque à pâtisserie.

Rôtir au four jusqu'à ce que les légumes commencent à dorer et à bien cuire, environ 45 minutes.

Chou et betterave rôtis

ingrédients

½ tasse de choux de Bruxelles, hachés

½ tasse de chou, haché

½ tasse de chou violet

1 tasse de gros morceaux de pommes de terre

1 tasse de gros morceaux de carottes arc-en-ciel

1½ tasse de fleurons de chou-fleur

1 tasse de betteraves coupées en dés

1/2 tasse de morceaux d'oignon rouge

2 cuillères à soupe d'huile d'olive extra vierge

sel et poivre noir moulu au goût

Préchauffez votre four à 425 degrés F (220 degrés C).

Placez la grille au deuxième niveau le plus bas du four.

Versez de l'eau avec un peu de sel dans un récipient.

Faire tremper les choux de Bruxelles et le chou dans de l'eau salée pendant 15 minutes et égoutter.

Mélangez le reste des ingrédients dans un bol.

Étalez les légumes en une seule couche sur une plaque à pâtisserie.

Rôtir au four jusqu'à ce que les légumes commencent à dorer et à bien cuire, environ 45 minutes.

Brocoli cuit au four à la façon du Sichuan

ingrédients

1 ½ dl de choux de Bruxelles hachés

1 tasse de fleurons de brocoli

1 tasse de gros morceaux de carottes arc-en-ciel

1½ tasse de fleurons de chou-fleur

1 tasse de champignons, tranchés

1/2 tasse de morceaux d'oignon rouge

2 cuillères à soupe d'huile de sésame

½ cuillère à café de grains de poivre du Sichuan

Sel

poivre noir moulu au goût

Préchauffez votre four à 425 degrés F (220 degrés C).

Placez la grille au deuxième niveau le plus bas du four.

Versez de l'eau avec un peu de sel dans un récipient.

Faites tremper les choux de Bruxelles dans de l'eau salée pendant 15 minutes et égouttez-les.

Mélangez le reste des ingrédients dans un bol.

Étalez les légumes en une seule couche sur une plaque à pâtisserie.

Rôtir au four jusqu'à ce que les légumes commencent à dorer et à bien cuire, environ 45 minutes.

Champignons Shitake et chou-fleur au four

ingrédients

1 ½ dl de petit chou haché

1 tasse de champignons shitake, tranchés

1 tasse de gros morceaux de carottes arc-en-ciel

1½ tasse de fleurons de chou-fleur

1 tasse de champignons, tranchés

1/2 tasse de morceaux d'oignon rouge

2 cuillères à soupe d'huile d'olive extra vierge

sel et poivre noir moulu au goût

Préchauffez votre four à 425 degrés F (220 degrés C).

Placez la grille au deuxième niveau le plus bas du four.

Versez de l'eau avec un peu de sel dans un récipient.

Faites tremper les mini choux dans de l'eau salée pendant 15 minutes et égouttez-les.

Mélangez le reste des ingrédients dans un bol.

Étalez les légumes en une seule couche sur une plaque à pâtisserie.

Rôtir au four jusqu'à ce que les légumes commencent à dorer et à bien cuire, environ 45 minutes.

Carottes épicées au four

ingrédients

1 ½ dl de choux de Bruxelles hachés

1 tasse de gros morceaux de pommes de terre

1 tasse de gros morceaux de carottes arc-en-ciel

1½ tasse de fleurons de chou-fleur

1 tasse de betteraves coupées en dés

1/2 tasse de morceaux d'oignon rouge

1 cuillère à café de cumin

1 cuillère à café de poivre de Cayenne

2 cuillères à soupe d'huile d'olive extra vierge

sel et poivre noir moulu au goût

Préchauffez votre four à 425 degrés F (220 degrés C).

Placez la grille au deuxième niveau le plus bas du four.

Versez de l'eau avec un peu de sel dans un récipient.

Faites tremper les choux de Bruxelles dans de l'eau salée pendant 15 minutes et égouttez-les.

Mélangez le reste des ingrédients dans un bol.

Étalez les légumes en une seule couche sur une plaque à pâtisserie.

Rôtir au four jusqu'à ce que les légumes commencent à dorer et à bien cuire, environ 45 minutes.

Chou-fleur fumé au four

ingrédients

1 ½ dl de chou rouge haché

1 tasse de gros morceaux de pommes de terre

1 tasse de gros morceaux de carottes arc-en-ciel

1½ tasse de fleurons de chou-fleur

1 tasse de betteraves coupées en dés

1/2 tasse de morceaux d'oignon rouge

1 cuillère à café de cumin

1 cuillère à café de graines de roucou

1 cuillère à café de paprika

1 cuillère à café de poudre de chili

2 cuillères à soupe d'huile d'olive extra vierge

sel et poivre noir moulu au goût

Préchauffez votre four à 425 degrés F (220 degrés C).

Placez la grille au deuxième niveau le plus bas du four.

Versez de l'eau avec un peu de sel dans un récipient.

Faites tremper les choux de Bruxelles dans de l'eau salée pendant 15 minutes et égouttez-les.

Mélangez le reste des ingrédients dans un bol.

Étalez les légumes en une seule couche sur une plaque à pâtisserie.

Rôtir au four jusqu'à ce que les légumes commencent à dorer et à bien cuire, environ 45 minutes.

Enoki au four et pleurotes

ingrédients

1 ½ dl de petit chou haché

1 tasse de fleurons de brocoli

1 tasse de champignons enoki, tranchés

1½ tasse de fleurons de chou-fleur

1 tasse de pleurotes

1/2 tasse de morceaux d'oignon rouge

2 cuillères à soupe d'huile de colza

sel et poivre noir moulu au goût

Préchauffez votre four à 425 degrés F (220 degrés C).

Placez la grille au deuxième niveau le plus bas du four.

Versez de l'eau avec un peu de sel dans un récipient.

Faites tremper les choux de Bruxelles dans de l'eau salée pendant 15 minutes et égouttez-les.

Mélangez le reste des ingrédients dans un bol.

Étalez les légumes en une seule couche sur une plaque à pâtisserie.

Rôtir au four jusqu'à ce que les légumes commencent à dorer et à bien cuire, environ 45 minutes.

Chou frisé rôti et épinards

ingrédients

1 ½ dl de choux de Bruxelles hachés

1 tasse d'épinards hachés grossièrement

1 tasse de chou frisé, haché grossièrement

1½ tasse de fleurons de brocoli

1 tasse de fleurons de chou-fleur

1/2 tasse de morceaux d'oignon rouge

2 cuillères à soupe d'huile d'olive extra vierge

sel de mer au goût

poivre noir moulu au goût

Préchauffez votre four à 425 degrés F (220 degrés C).

Placez la grille au deuxième niveau le plus bas du four.

Versez de l'eau avec un peu de sel dans un récipient.

Faites tremper les choux de Bruxelles dans de l'eau salée pendant 15 minutes et égouttez-les.

Mélangez le reste des ingrédients dans un bol.

Étalez les légumes en une seule couche sur une plaque à pâtisserie.

Rôtir au four jusqu'à ce que les légumes commencent à dorer et à bien cuire, environ 45 minutes.

Cresson et brocoli rôtis

ingrédients

1 ½ dl de choux de Bruxelles hachés

1 tasse d'épinards hachés grossièrement

1 tasse de cresson, haché grossièrement

1½ tasse de fleurons de chou-fleur

1 tasse de fleurons de brocoli

1/2 tasse de morceaux d'oignon rouge

2 cuillères à soupe d'huile d'olive extra vierge

Sel de mer et grains de poivre arc-en-ciel moulus, au goût

Préchauffez votre four à 425 degrés F (220 degrés C).

Placez la grille au deuxième niveau le plus bas du four.

Versez de l'eau avec un peu de sel dans un récipient.

Faites tremper les choux de Bruxelles dans de l'eau salée pendant 15 minutes et égouttez-les.

Mélangez le reste des ingrédients dans un bol.

Étalez les légumes en une seule couche sur une plaque à pâtisserie.

Rôtir au four jusqu'à ce que les légumes commencent à dorer et à bien cuire, environ 45 minutes.

chou frisé et chou frit

ingrédients

1 ½ dl de petit chou haché

1 tasse de chou frisé, haché grossièrement

1 tasse de gros morceaux de carottes arc-en-ciel

1½ tasse de fleurons de chou-fleur

1 tasse de champignons, tranchés

1/2 tasse de morceaux d'oignon rouge

2 cuillères à soupe de beurre/margarine végétalien, fondu

sel et poivre noir moulu au goût

Préchauffez votre four à 425 degrés F (220 degrés C).

Placez la grille au deuxième niveau le plus bas du four.

Versez de l'eau avec un peu de sel dans un récipient.

Faites tremper les choux de Bruxelles dans de l'eau salée pendant 15 minutes et égouttez-les.

Mélangez le reste des ingrédients dans un bol.

Étalez les légumes en une seule couche sur une plaque à pâtisserie.

Rôtir au four jusqu'à ce que les légumes commencent à dorer et à bien cuire, environ 45 minutes.

Champignons triples grillés

ingrédients

2 tasses de germes de soja, rincés

1 tasse de pleurotes

1 tasse de champignons, tranchés

1½ tasse de champignons enoki

1/2 tasse de morceaux d'oignon rouge

2 cuillères à soupe d'huile d'olive extra vierge

sel et poivre noir moulu au goût

Préchauffez votre four à 425 degrés F (220 degrés C).

Placez la grille au deuxième niveau le plus bas du four.

Versez de l'eau avec un peu de sel dans un récipient.

Faites tremper les germes de soja dans de l'eau salée pendant 15 minutes et égouttez-les.

Mélangez le reste des ingrédients dans un bol.

Étalez les légumes en une seule couche sur une plaque à pâtisserie.

Rôtir au four jusqu'à ce que les légumes commencent à dorer et à bien cuire, environ 45 minutes.

Asperges et betteraves rôties

ingrédients

1 ½ dl de chou violet haché

1 tasse de germes de soja

1 tasse d'asperges

1½ tasse de fleurons de chou-fleur

1 tasse de betteraves coupées en dés

1/2 tasse de morceaux d'oignon rouge

2 cuillères à soupe d'huile de sésame

Sel de mer et poivre noir moulu au goût

Préchauffez votre four à 425 degrés F (220 degrés C).

Placez la grille au deuxième niveau le plus bas du four.

Versez de l'eau avec un peu de sel dans un récipient.

Faire tremper le chou violet dans de l'eau salée pendant 15 minutes et égoutter.

Mélangez le reste des ingrédients dans un bol.

Étalez les légumes en une seule couche sur une plaque à pâtisserie.

Rôtir au four jusqu'à ce que les légumes commencent à dorer et à bien cuire, environ 45 minutes.

Brocoli et chou de chou-fleur rôti

ingrédients

1 ½ dl de petit chou haché

1 tasse de germes de soja

1 tasse de gros morceaux de carottes arc-en-ciel

1½ tasse de fleurons de chou-fleur

1 tasse de fleurons de brocoli

1/2 tasse de morceaux d'oignon rouge

2 cuillères à soupe d'huile de colza

2 cuillères à soupe. Pâte d'ail et de chili thaï

1 basilic thaï

sel et poivre noir moulu au goût

Préchauffez votre four à 425 degrés F (220 degrés C).

Placez la grille au deuxième niveau le plus bas du four.

Versez de l'eau avec un peu de sel dans un récipient.

Faites tremper les mini choux dans de l'eau salée pendant 15 minutes et égouttez-les.

Mélangez le reste des ingrédients dans un bol.

Étalez les légumes en une seule couche sur une plaque à pâtisserie.

Rôtir au four jusqu'à ce que les légumes commencent à dorer et à bien cuire, environ 45 minutes.

Germes de soja rôtis et chou-fleur

ingrédients

1 ½ dl de germes de soja, parés

1 tasse de gros morceaux de pommes de terre

1 tasse de gros morceaux de carottes

1½ tasse de fleurons de chou-fleur

1 tasse de betteraves coupées en dés

1/2 tasse de morceaux d'oignon rouge

1 cuillère à café de paprika espagnol

2 cuillères à soupe d'huile d'olive extra vierge

sel et poivre noir moulu au goût

Préchauffez votre four à 425 degrés F (220 degrés C).

Placez la grille au deuxième niveau le plus bas du four.

Versez de l'eau avec un peu de sel dans un récipient.

Faites tremper les germes de soja dans de l'eau salée pendant 15 minutes et égouttez-les.

Mélangez le reste des ingrédients dans un bol.

Étalez les légumes en une seule couche sur une plaque à pâtisserie.

Rôtir au four jusqu'à ce que les légumes commencent à dorer et à bien cuire, environ 45 minutes.

Carottes et patates douces rôties

ingrédients

1 ½ dl de petit chou haché

1 tasse de gros morceaux de pommes de terre

1 tasse de gros morceaux de carottes arc-en-ciel

1 ½ tasse de quartiers de patates douces

1 tasse de panais

1/2 tasse de morceaux d'oignon rouge

2 cuillères à soupe d'huile d'olive extra vierge

Sel de mer

grains de poivre arc-en-ciel au goût

Préchauffez votre four à 425 degrés F (220 degrés C).

Placez la grille au deuxième niveau le plus bas du four.

Versez de l'eau avec un peu de sel dans un récipient.

Faites tremper les mini choux dans de l'eau salée pendant 15 minutes et égouttez-les.

Mélangez le reste des ingrédients dans un bol.

Étalez les légumes en une seule couche sur une plaque à pâtisserie.

Rôtir au four jusqu'à ce que les légumes commencent à dorer et à bien cuire, environ 45 minutes.

Chou rouge rôti et brocoli

ingrédients

1 ½ dl de chou violet haché

1 tasse de gros morceaux de panais

1 tasse de gros morceaux de carottes arc-en-ciel

1½ tasse de fleurons de chou-fleur

1 tasse de fleurons de brocoli

1/2 tasse de morceaux d'oignon rouge

2 cuillères à soupe d'huile de colza

sel et poivre noir moulu au goût

Préchauffez votre four à 425 degrés F (220 degrés C).

Placez la grille au deuxième niveau le plus bas du four.

Versez de l'eau avec un peu de sel dans un récipient.

Faire tremper le chou violet dans de l'eau salée pendant 15 minutes et égoutter.

Mélangez le reste des ingrédients dans un bol.

Étalez les légumes en une seule couche sur une plaque à pâtisserie.

Rôtir au four jusqu'à ce que les légumes commencent à dorer et à bien cuire, environ 45 minutes.

Pommes de terre carottes rôties au beurre et mini chou

ingrédients

1 ½ dl de petit chou haché

1 tasse de gros morceaux de pommes de terre

1 tasse de gros morceaux de carottes

1½ tasse de fleurons de chou-fleur

1 tasse de quartiers de patates douces

1/2 tasse de morceaux d'oignon rouge

2 cuillères à soupe de beurre/margarine végétalienne

Sel de mer et poivre noir moulu au goût

Préchauffez votre four à 425 degrés F (220 degrés C).

Placez la grille au deuxième niveau le plus bas du four.

Versez de l'eau avec un peu de sel dans un récipient.

Faites tremper les mini choux dans de l'eau salée pendant 15 minutes et égouttez-les.

Mélangez le reste des ingrédients dans un bol.

Étalez les légumes en une seule couche sur une plaque à pâtisserie.

Rôtir au four jusqu'à ce que les légumes commencent à dorer et à bien cuire, environ 45 minutes.

Carottes de pommes de terre au four et choux de Bruxelles

ingrédients

1 ½ dl de choux de Bruxelles hachés

1 tasse de gros morceaux de pommes de terre

1 tasse de gros morceaux de carottes arc-en-ciel

1½ tasse de panais

1 tasse de patate douce

¼ tasse d'ail émincé

2 cuillères à café de jus de citron

2 cuillères à soupe de beurre/margarine végétalienne

sel et poivre noir moulu au goût

Préchauffez votre four à 425 degrés F (220 degrés C).

Placez la grille au deuxième niveau le plus bas du four.

Versez de l'eau avec un peu de sel dans un récipient.

Faites tremper les choux de Bruxelles dans de l'eau salée pendant 15 minutes et égouttez-les.

Mélangez le reste des ingrédients dans un bol.

Étalez les légumes en une seule couche sur une plaque à pâtisserie.

Rôtir au four jusqu'à ce que les légumes commencent à dorer et à bien cuire, environ 45 minutes.

Pommes de terre rôties et asperges

ingrédients

1 1/2 livre de pommes de terre, coupées en morceaux

2 cuillères à soupe d'huile d'olive extra vierge

12 gousses d'ail, tranchées finement

1 cuillère à soupe. et 1 c. romarin séché

4 cuillères à café de thym séché

2 cuillères à café de sel marin

1 botte d'asperges fraîches, parées et coupées en morceaux de 1 pouce

Préchauffez votre four à 425 degrés F.

Sur une plaque à pâtisserie, mélanger les 5 premiers ingrédients et la moitié du sel marin.

Couvrir de papier d'aluminium.

Cuire 20 minutes au four.

Mélanger les asperges, l'huile et le sel.

Couvrir et cuire environ 15 minutes ou jusqu'à ce que les pommes de terre soient tendres.

Augmentez la température de votre four à 450 degrés F.

Retirez le papier d'aluminium et laissez cuire 8 minutes jusqu'à ce que les pommes de terre soient légèrement dorées.

Asperges françaises et patates douces au four

ingrédients

1 1/2 livre de patates douces, coupées en morceaux

3 cuillères à soupe d'huile d'olive

12 gousses d'ail, tranchées finement

1 cuillère à soupe. et 1 c. romarin séché

4 cuillères à café d'herbes de Provence

2 cuillères à café de sel marin

1 botte d'asperges fraîches, parées et coupées en morceaux de 1 pouce

Préchauffez votre four à 425 degrés F.

Sur une plaque à pâtisserie, mélanger les 5 premiers ingrédients et la moitié du sel marin.

Couvrir de papier d'aluminium.

Cuire 20 minutes au four.

Mélanger les asperges, l'huile et le sel.

Couvrir et cuire environ 15 minutes ou jusqu'à ce que les patates douces soient tendres.

Augmentez la température de votre four à 450 degrés F.

Retirez le papier d'aluminium et laissez cuire 8 minutes jusqu'à ce que les pommes de terre soient légèrement dorées.

Panais et asperges au four

ingrédients

1 1/2 livre de panais, coupés en morceaux

2 cuillères à soupe d'huile d'olive extra vierge

12 gousses d'ail, tranchées finement

1 cuillère à soupe. et 1 c. assaisonnement italien

4 cuillères à café de thym séché

2 cuillères à café de sel marin

1 botte d'asperges fraîches, parées et coupées en morceaux de 1 pouce

Préchauffez votre four à 425 degrés F.

Sur une plaque à pâtisserie, mélanger les 5 premiers ingrédients et la moitié du sel marin.

Couvrir de papier d'aluminium.

Cuire 20 minutes au four.

Mélanger les asperges, l'huile et le sel.

Couvrir et cuire environ 15 minutes ou jusqu'à ce que les panais soient tendres.

Augmentez la température de votre four à 450 degrés F.

Retirez le papier d'aluminium et laissez cuire 8 minutes jusqu'à ce que les pommes de terre soient légèrement dorées.

Carottes et asperges au beurre d'ail rôti

ingrédients

1 1/2 livre de carottes, coupées en morceaux

4 cuillères à soupe de beurre végétalien, fondu

12 gousses d'ail, tranchées finement

1 cuillère à soupe. et 1 c. romarin séché

2 cuillères à café de jus de citron

2 cuillères à café de sel marin

1 botte d'asperges fraîches, parées et coupées en morceaux de 1 pouce

Préchauffez votre four à 425 degrés F.

Sur une plaque à pâtisserie, mélanger les 5 premiers ingrédients et la moitié du sel marin.

Couvrir de papier d'aluminium.

Cuire 20 minutes au four.

Mélanger les asperges, l'huile et le sel.

Couvrir et cuire environ 15 minutes ou jusqu'à ce que les pommes de terre soient tendres.

Augmentez la température de votre four à 450 degrés F.

Retirez le papier d'aluminium et laissez cuire 8 minutes jusqu'à ce que les pommes de terre soient légèrement dorées.

Asperges rôties au beurre ail-lime

ingrédients

1 1/2 livre de pommes de terre, coupées en morceaux

4 cuillères à soupe de beurre/margarine végétalienne

12 gousses d'ail, tranchées finement

2 cuillères à café de jus de citron vert

2 cuillères à café de sel marin

1 botte d'asperges fraîches, parées et coupées en morceaux de 1 pouce

Préchauffez votre four à 425 degrés F.

Sur une plaque à pâtisserie, mélanger les 5 premiers ingrédients et la moitié du sel marin.

Couvrir de papier d'aluminium.

Cuire 20 minutes au four.

Mélanger les asperges, l'huile et le sel.

Couvrir et cuire environ 15 minutes ou jusqu'à ce que les pommes de terre soient tendres.

Augmentez la température de votre four à 450 degrés F.

Retirez le papier d'aluminium et laissez cuire 8 minutes jusqu'à ce que les pommes de terre soient légèrement dorées.

Panais rôtis au beurre d'ail et citron

ingrédients

1 1/2 livre de panais, coupés en morceaux

6 cuillères à soupe de beurre/margarine végétalien

12 gousses d'ail, tranchées finement

2 cuillères à café de jus de citron

4 cuillères à café de thym séché

2 cuillères à café de sel marin

1 botte d'asperges fraîches, parées et coupées en morceaux de 1 pouce

Préchauffez votre four à 425 degrés F.

Sur une plaque à pâtisserie, mélanger les 5 premiers ingrédients et la moitié du sel marin.

Couvrir de papier d'aluminium.

Cuire 20 minutes au four.

Mélanger les asperges, l'huile et le sel.

Couvrir et cuire environ 15 minutes ou jusqu'à ce que les panais soient tendres.

Augmentez la température de votre four à 450 degrés F.

Retirez le papier d'aluminium et laissez cuire 8 minutes jusqu'à ce que les pommes de terre soient légèrement dorées.

Navets et asperges rôtis

ingrédients

1 1/2 livre de navets, coupés en morceaux

2 cuillères à soupe d'huile d'olive extra vierge

12 gousses d'ail, tranchées finement

1 cuillère à soupe. romarin séché

4 cuillères à café de thym séché

2 cuillères à café de sel marin

1 botte d'asperges fraîches, parées et coupées en morceaux de 1 pouce

Préchauffez votre four à 425 degrés F.

Sur une plaque à pâtisserie, mélanger les 5 premiers ingrédients et la moitié du sel marin.

Couvrir de papier d'aluminium.

Cuire 20 minutes au four.

Mélanger les asperges, l'huile et le sel.

Couvrir et cuire environ 15 minutes ou jusqu'à ce que les navets soient tendres.

Augmentez la température de votre four à 450 degrés F.

Retirez le papier d'aluminium et laissez cuire 8 minutes jusqu'à ce que les pommes de terre soient légèrement dorées.

Panais fumés rôtis

ingrédients

1 1/2 livre de panais, coupés en morceaux

4 cuillères à soupe d'huile d'olive extra vierge

12 gousses d'ail, tranchées finement

1 cuillère à soupe. poivron

1 cuillère à café de cumin

2 cuillères à café de sel marin

1 botte d'asperges fraîches, parées et coupées en morceaux de 1 pouce

Préchauffez votre four à 425 degrés F.

Sur une plaque à pâtisserie, mélanger les 5 premiers ingrédients et la moitié du sel marin.

Couvrir de papier d'aluminium.

Cuire 20 minutes au four.

Mélanger les asperges, l'huile et le sel.

Couvrir et cuire environ 15 minutes ou jusqu'à ce que les panais soient tendres.

Augmentez la température de votre four à 450 degrés F.

Retirez le papier d'aluminium et laissez cuire 8 minutes jusqu'à ce que les pommes de terre soient légèrement dorées.

Brocoli et asperges rôtis

ingrédients

1 1/2 livre de brocoli, coupé en morceaux

3 cuillères à soupe d'huile d'olive extra vierge

12 gousses d'ail, tranchées finement

1 cuillère à soupe. et 1 c. romarin séché

4 cuillères à café de thym séché

2 cuillères à café de sel marin

1 botte d'asperges fraîches, parées et coupées en morceaux de 1 pouce

Préchauffez votre four à 425 degrés F.

Sur une plaque à pâtisserie, mélanger les 5 premiers ingrédients et la moitié du sel marin.

Couvrir de papier d'aluminium.

Cuire 20 minutes au four.

Mélanger les asperges, l'huile et le sel.

Couvrir et cuire environ 15 minutes ou jusqu'à ce que le brocoli soit tendre.

Augmentez la température de votre four à 450 degrés F.

Retirez le papier d'aluminium et laissez cuire 8 minutes jusqu'à ce que les pommes de terre soient légèrement dorées.

Chou-fleur et asperges rôtis à la thaïlandaise

ingrédients

1 1/2 livre de chou-fleur, coupé en morceaux

2 cuillères à soupe d'huile de sésame

10 gousses d'ail, tranchées finement

1 cuillère à soupe. Pâte d'ail et de chili thaï

2 cuillères à café de basilic thaï frais haché

2 cuillères à café de sel marin

1 botte d'asperges fraîches, parées et coupées en morceaux de 1 pouce

Préchauffez votre four à 425 degrés F.

Sur une plaque à pâtisserie, mélanger les 5 premiers ingrédients et la moitié du sel marin.

Couvrir de papier d'aluminium.

Cuire 20 minutes au four.

Mélanger les asperges, l'huile et le sel.

Couvrir et cuire environ 15 minutes ou jusqu'à ce que le chou-fleur soit tendre.

Augmentez la température de votre four à 450 degrés F.

Retirez le papier d'aluminium et laissez cuire 8 minutes jusqu'à ce que les pommes de terre soient légèrement dorées.

Asperges et pommes de terre rôties au citron

ingrédients

1 1/2 livre de pommes de terre, coupées en morceaux

2 cuillères à soupe de beurre ou de margarine végétalienne

12 gousses d'ail, tranchées finement

1 cuillère à soupe. jus de citron

1 cuillère à café de graines de roucou

2 cuillères à café de sel marin

1 botte d'asperges fraîches, parées et coupées en morceaux de 1 pouce

Préchauffez votre four à 425 degrés F.

Sur une plaque à pâtisserie, mélanger les 5 premiers ingrédients et la moitié du sel marin.

Couvrir de papier d'aluminium.

Cuire 20 minutes au four.

Mélanger les asperges, l'huile et le sel.

Couvrir et cuire environ 15 minutes ou jusqu'à ce que les pommes de terre soient tendres.

Augmentez la température de votre four à 450 degrés F.

Retirez le papier d'aluminium et laissez cuire 8 minutes jusqu'à ce que les pommes de terre soient légèrement dorées.

Betteraves et carottes aux noix grillées

ingrédients

1/2 livre de navets, coupés en morceaux

½ livre de carottes, coupées en morceaux

½ livre de pommes de terre, coupées en morceaux

2 cuillères à soupe d'huile de sésame

10 gousses d'ail, tranchées finement

1 cuillère à café de poudre de 5 épices chinoises

2 cuillères à café de sel marin

1 botte d'asperges fraîches, parées et coupées en morceaux de 1 pouce

Préchauffez votre four à 425 degrés F.

Mélanger les 6 premiers ingrédients et la moitié du sel marin sur une plaque à pâtisserie.

Couvrir de papier d'aluminium.

Cuire 20 minutes au four.

Mélanger les asperges, l'huile et le sel.

Couvrir et cuire environ 15 minutes ou jusqu'à ce que les pommes de terre soient tendres.

Augmentez la température de votre four à 450 degrés F.

Retirez le papier d'aluminium et laissez cuire 8 minutes jusqu'à ce que les pommes de terre soient légèrement dorées.

Betteraves italiennes rôties et asperges

ingrédients

1 1/2 livre de betteraves, coupées en morceaux

2 cuillères à soupe d'huile d'olive extra vierge

12 gousses d'ail, tranchées finement

1 cuillère à café d'assaisonnement italien

4 cuillères à café de thym séché

2 cuillères à café de sel marin

1 botte d'asperges fraîches, parées et coupées en morceaux de 1 pouce

Préchauffez votre four à 425 degrés F.

Sur une plaque à pâtisserie, mélanger les 5 premiers ingrédients et la moitié du sel marin.

Couvrir de papier d'aluminium.

Cuire 20 minutes au four.

Mélanger les asperges, l'huile et le sel.

Couvrir et cuire environ 15 minutes ou jusqu'à ce que les betteraves soient tendres.

Augmentez la température de votre four à 450 degrés F.

Retirez le papier d'aluminium et laissez cuire 8 minutes jusqu'à ce que les pommes de terre soient légèrement dorées.

Racine de manioc rôtie et asperges

ingrédients

½ livre de racine de yucca, coupée en morceaux

1/2 livre de pommes de terre, coupées en morceaux

2 cuillères à soupe d'huile d'olive extra vierge

12 gousses d'ail, tranchées finement

4 cuillères à café d'herbes de Provence

2 cuillères à café de sel marin

1 botte d'asperges fraîches, parées et coupées en morceaux de 1 pouce

Préchauffez votre four à 425 degrés F.

Mélanger les 6 premiers ingrédients et la moitié du sel marin sur une plaque à pâtisserie.

Couvrir de papier d'aluminium.

Cuire 20 minutes au four.

Mélanger les asperges, l'huile et le sel.

Couvrir et cuire environ 15 minutes ou jusqu'à ce que les pommes de terre et la racine de yuca soient tendres.

Augmentez la température de votre four à 450 degrés F.

Retirez le papier d'aluminium et laissez cuire 8 minutes jusqu'à ce que les pommes de terre soient légèrement dorées.

Betteraves rôties, navets et asperges

ingrédients

1/2 livre de carottes, coupées en morceaux

½ livre de betteraves, coupées en dés

½ livre de navets, coupés en morceaux

2 cuillères à soupe d'huile d'olive extra vierge

12 gousses d'ail, tranchées finement

1 cuillère à soupe. et 1 c. romarin séché

4 cuillères à café de thym séché

2 cuillères à café de sel marin

1 botte d'asperges fraîches, parées et coupées en morceaux de 1 pouce

Préchauffez votre four à 425 degrés F.

Mélangez les 7 premiers ingrédients et la moitié du sel marin sur une plaque à pâtisserie.

Couvrir de papier d'aluminium.

Cuire 20 minutes au four.

Mélanger les asperges, l'huile et le sel.

Couvrir et cuire environ 15 minutes ou jusqu'à ce que les tubercules soient tendres.

Augmentez la température de votre four à 450 degrés F.

Retirez le papier d'aluminium et laissez cuire 8 minutes jusqu'à ce que les pommes de terre soient légèrement dorées.

Betterave rôtie et racine de manioc

ingrédients

1/2 livre de betteraves, coupées en dés

½ livre de racine de yucca, coupée en morceaux

½ livre de navets, coupés en morceaux

2 cuillères à soupe d'huile d'olive extra vierge

12 gousses d'ail, tranchées finement

1 cuillère à soupe. et 1 c. romarin séché

4 cuillères à café de thym séché

2 cuillères à café de sel marin

1 botte d'asperges fraîches, parées et coupées en morceaux de 1 pouce

Préchauffez votre four à 425 degrés F.

Mélangez les 7 premiers ingrédients et la moitié du sel marin sur une plaque à pâtisserie.

Couvrir de papier d'aluminium.

Cuire 20 minutes au four.

Mélanger les asperges, l'huile et le sel.

Couvrir et cuire environ 15 minutes ou jusqu'à ce que les tubercules soient tendres.

Augmentez la température de votre four à 450 degrés F.

Retirez le papier d'aluminium et laissez cuire 8 minutes jusqu'à ce que les pommes de terre soient légèrement dorées.

Pomme de terre aux noix rôties et patate douce

ingrédients

1/2 livre de pommes de terre, coupées en morceaux

½ livre de patates douces, coupées en morceaux

2 cuillères à soupe d'huile de noix de macadamia

12 gousses d'ail, tranchées finement

1 cuillère à soupe. et 1 c. Herbes de Provence

2 cuillères à café de sel marin

1 botte d'asperges fraîches, parées et coupées en morceaux de 1 pouce

Préchauffez votre four à 425 degrés F.

Mélanger les 6 premiers ingrédients et la moitié du sel marin sur une plaque à pâtisserie.

Couvrir de papier d'aluminium.

Cuire 20 minutes au four.

Mélanger les asperges, l'huile et le sel.

Couvrir et cuire environ 15 minutes ou jusqu'à ce que les tubercules soient tendres.

Augmentez la température de votre four à 450 degrés F.

Retirez le papier d'aluminium et laissez cuire 8 minutes jusqu'à ce que les pommes de terre soient légèrement dorées.

Chou-rave rôti et igname violette

ingrédients

1/2 livre de pommes de terre, coupées en morceaux

½ livre de rutabaga, coupé en morceaux

½ livre d'igname violette, coupée en morceaux

2 cuillères à soupe d'huile d'olive extra vierge

12 gousses d'ail, tranchées finement

1 cuillère à soupe. et 1 c. romarin séché

4 cuillères à café de thym séché

2 cuillères à café de sel marin

1 botte d'asperges fraîches, parées et coupées en morceaux de 1 pouce

Préchauffez votre four à 425 degrés F.

Mélangez les 7 premiers ingrédients et la moitié du sel marin sur une plaque à pâtisserie.

Couvrir de papier d'aluminium.

Cuire 20 minutes au four.

Mélanger les asperges, l'huile et le sel.

Couvrir et cuire environ 15 minutes ou jusqu'à ce que les tubercules soient tendres.

Augmentez la température de votre four à 450 degrés F.

Retirez le papier d'aluminium et laissez cuire 8 minutes jusqu'à ce que les pommes de terre soient légèrement dorées.

Ignames et asperges rôties

ingrédients

1/2 livre de pommes de terre, coupées en morceaux

½ livre d'igname blanche, coupée en morceaux

½ livre de patate douce

2 cuillères à soupe d'huile d'olive de colza

12 gousses d'ail, tranchées finement

2 cuillères à café d'assaisonnement italien

2 cuillères à café de sel marin

1 botte d'asperges fraîches, parées et coupées en morceaux de 1 pouce

Préchauffez votre four à 425 degrés F.

Mélanger les 6 premiers ingrédients et la moitié du sel marin sur une plaque à pâtisserie.

Couvrir de papier d'aluminium.

Cuire 20 minutes au four.

Mélanger les asperges, l'huile et le sel.

Couvrir et cuire environ 15 minutes ou jusqu'à ce que les tubercules soient tendres.

Augmentez la température de votre four à 450 degrés F.

Retirez le papier d'aluminium et laissez cuire 8 minutes jusqu'à ce que les pommes de terre soient légèrement dorées.

Asperges et panais à la racine de manioc au four

ingrédients

1 livre de carottes, coupées en morceaux

½ livre de panais, coupés en morceaux

½ livre de racine de yucca

2 cuillères à soupe d'huile d'olive extra vierge

12 gousses d'ail, tranchées finement

1 cuillère à soupe. et 1 c. romarin séché

4 cuillères à café de thym séché

2 cuillères à café de sel marin

1 botte d'asperges fraîches, parées et coupées en morceaux de 1 pouce

Préchauffez votre four à 425 degrés F.

Mélangez les 7 premiers ingrédients et la moitié du sel marin sur une plaque à pâtisserie.

Couvrir de papier d'aluminium.

Cuire 20 minutes au four.

Mélanger les asperges, l'huile d'olive et le sel.

Couvrir et cuire environ 15 minutes ou jusqu'à ce que les tubercules soient tendres.

Augmentez la température de votre four à 450 degrés F.

Retirez le papier d'aluminium et laissez cuire 8 minutes jusqu'à ce que les pommes de terre soient légèrement dorées.

Brocolis et asperges de chou-rave au four

ingrédients

1/2 livre de rutabaga, coupé en morceaux

½ livre de carottes, coupées en morceaux

½ livre de brocoli

2 cuillères à soupe d'huile d'olive extra vierge

12 gousses d'ail, tranchées finement

1 cuillère à soupe. et 1 c. romarin séché

4 cuillères à café de thym séché

2 cuillères à café de sel marin

1 botte d'asperges fraîches, parées et coupées en morceaux de 1 pouce

Préchauffez votre four à 425 degrés F.

Mélangez les 7 premiers ingrédients et la moitié du sel marin sur une plaque à pâtisserie.

Couvrir de papier d'aluminium.

Cuire 20 minutes au four.

Mélanger les asperges, l'huile d'olive et le sel.

Couvrir et cuire environ 15 minutes ou jusqu'à ce que les tubercules soient tendres.

Augmentez la température de votre four à 450 degrés F.

Retirez le papier d'aluminium et laissez cuire 8 minutes jusqu'à ce que les pommes de terre soient légèrement dorées.

Brocoli et carottes au four asiatique

ingrédients

½ livre de carottes, coupées en morceaux

½ livre de brocoli, coupé en morceaux

½ livre de chou-fleur, coupé en morceaux

2 cuillères à soupe d'huile de sésame

12 gousses d'ail, tranchées finement

1 cuillère à soupe. et 1 c. du gingembre hâché

4 cuillères à café de ciboulette

2 cuillères à café de sel marin

1 botte d'asperges fraîches, parées et coupées en morceaux de 1 pouce

Préchauffez votre four à 425 degrés F.

Mélangez les 7 premiers ingrédients et la moitié du sel marin sur une plaque à pâtisserie.

Couvrir de papier d'aluminium.

Cuire 20 minutes au four.

Mélanger les asperges, l'huile d'olive et le sel.

Couvrir et cuire environ 15 minutes ou jusqu'à ce que les pommes de terre soient tendres.

Augmentez la température de votre four à 450 degrés F.

Retirez le papier d'aluminium et laissez cuire 8 minutes jusqu'à ce que les pommes de terre soient légèrement dorées.

Choux de Bruxelles au four et oignons glacés au balsamique

ingrédients

1 paquet (16 onces) de choux de Bruxelles frais

2 petits oignons rouges, tranchés finement

¼ tasse et 1 cuillère à soupe. huile d'olive extra vierge, divisée

1/4 cuillère à café de sel marin

1/4 cuillère à café de grains de poivre arc-en-ciel

1 échalote hachée

1/4 tasse de vinaigre balsamique

1 cuillère à soupe de romarin frais haché

Préchauffez votre four à 425 degrés F (220 degrés C).

Beurrer une plaque à pâtisserie.

Mettez les choux de Bruxelles et l'oignon dans un bol.

Ajoutez 4 cuillères à soupe d'huile d'olive, salez et poivrez.

Remuer pour bien enrober et étaler le mélange de germes dans la poêle.

Cuire au four jusqu'à ce que les pousses et les oignons soient tendres, environ 25 à 30 minutes.

Faites chauffer la cuillère à soupe d'huile d'olive restante dans une petite poêle à feu moyen-vif.

Faire revenir les échalotes jusqu'à ce qu'elles soient tendres, environ 5 minutes.

Ajouter le vinaigre balsamique et cuire jusqu'à ce que le glaçage soit réduit, environ 5 minutes.

Ajouter le romarin au glaçage balsamique et verser sur les pousses.

Chou rouge au four et oignon rouge

ingrédients

1 paquet (16 onces) de chou violet frais, coupé en quartiers

2 petits oignons rouges, tranchés finement

¼ tasse et 1 cuillère à soupe. huile d'olive extra vierge, divisée

1/4 cuillère à café de sel marin

1/4 cuillère à café de poivre noir moulu

1 échalote hachée

1/4 tasse de vinaigre de vin rouge

1 cuillère à soupe de romarin frais haché

Préchauffez votre four à 425 degrés F (220 degrés C).

Beurrer une plaque à pâtisserie.

Mettez le chou et l'oignon dans un bol.

Ajoutez 4 cuillères à soupe d'huile d'olive, salez et poivrez.

Remuer pour bien enrober et étaler le mélange de germes dans la poêle.

Cuire au four jusqu'à ce que les pousses et les oignons soient tendres, environ 25 à 30 minutes.

Faites chauffer la cuillère à soupe d'huile d'olive restante dans une petite poêle à feu moyen-vif.

Faire revenir les échalotes jusqu'à ce qu'elles soient tendres, environ 5 minutes.

Ajouter le vinaigre et cuire jusqu'à ce que le glaçage soit réduit, environ 5 minutes.

Ajouter le romarin au glaçage balsamique et verser sur les pousses.

Mini chou au four avec grains de poivre arc-en-ciel

ingrédients

1 paquet (16 onces) de mini chou frais

2 petits oignons rouges, tranchés finement

¼ tasse et 1 cuillère à soupe. huile d'olive extra vierge, divisée

1/4 cuillère à café de sel marin

1/4 cuillère à café de grains de poivre arc-en-ciel

1 échalote hachée

1/4 tasse de vinaigre balsamique

1 cuillère à café d'herbes de provence

Préchauffez votre four à 425 degrés F (220 degrés C).

Beurrer une plaque à pâtisserie.

Mettez le chou et l'oignon dans un bol.

Ajoutez 4 cuillères à soupe d'huile d'olive, salez et poivrez.

Remuer pour bien enrober et étaler le mélange de germes dans la poêle.

Cuire au four jusqu'à ce que les pousses et les oignons soient tendres, environ 25 à 30 minutes.

Faites chauffer la cuillère à soupe d'huile d'olive restante dans une petite poêle à feu moyen-vif.

Faire revenir les échalotes jusqu'à ce qu'elles soient tendres, environ 5 minutes.

Ajouter le vinaigre balsamique et cuire jusqu'à ce que le glaçage soit réduit, environ 5 minutes.

Ajoutez les herbes de Provence au glaçage balsamique et versez sur les pousses.

Chou napa rôti avec glaçage balsamique

ingrédients

1 paquet (16 onces) de chou Napa frais

2 petits oignons rouges, tranchés finement

¼ tasse et 1 cuillère à soupe. huile d'olive extra vierge, divisée

1/4 cuillère à café de sel marin

1/4 cuillère à café de grains de poivre arc-en-ciel

1 échalote hachée

1/4 tasse de vinaigre balsamique

1 cuillère à café d'assaisonnement italien

Préchauffez votre four à 425 degrés F (220 degrés C).

Beurrer une plaque à pâtisserie.

Mettez le chou et l'oignon dans un bol.

Ajoutez 4 cuillères à soupe d'huile d'olive, salez et poivrez.

Remuer pour bien enrober et étaler le mélange de germes dans la poêle.

Cuire au four jusqu'à ce que les pousses et les oignons soient tendres, environ 25 à 30 minutes.

Faites chauffer la cuillère à soupe d'huile d'olive restante dans une petite poêle à feu moyen-vif.

Faire revenir les échalotes jusqu'à ce qu'elles soient tendres, environ 5 minutes.

Ajouter le vinaigre balsamique et cuire jusqu'à ce que le glaçage soit réduit, environ 5 minutes.

Ajoutez l'assaisonnement italien au glaçage balsamique et versez sur les pousses.

Chou de Milan rôti et oignon rouge

ingrédients

1 paquet (16 onces) de chou de Milan frais

2 petits oignons rouges, tranchés finement

¼ tasse et 1 cuillère à soupe. huile d'olive extra vierge, divisée

1/4 cuillère à café de sel marin

1/4 cuillère à café de grains de poivre noir

1 échalote hachée

1/4 tasse de vinaigre de vin blanc

1 cuillère à soupe de romarin frais haché

Préchauffez votre four à 425 degrés F (220 degrés C).

Beurrer une plaque à pâtisserie.

Mettez le chou et l'oignon dans un bol.

Ajoutez 4 cuillères à soupe d'huile d'olive, salez et poivrez.

Remuer pour bien enrober et étaler le mélange de germes dans la poêle.

Cuire au four jusqu'à ce que les pousses et les oignons soient tendres, environ 25 à 30 minutes.

Faites chauffer la cuillère à soupe d'huile d'olive restante dans une petite poêle à feu moyen-vif.

Faire revenir les échalotes jusqu'à ce qu'elles soient tendres, environ 5 minutes.

Ajouter le vinaigre de vin blanc et cuire jusqu'à ce que le glaçage soit réduit, environ 5 minutes.

Ajouter le romarin au glaçage balsamique et verser sur les pousses.

Chou rouge rôti avec glaçage balsamique

ingrédients

1 paquet (16 onces) de chou rouge frais

2 petits oignons rouges, tranchés finement

¼ tasse et 1 cuillère à soupe. huile d'olive extra vierge, divisée

1/4 cuillère à café de sel marin

1/4 cuillère à café de grains de poivre arc-en-ciel

1 échalote hachée

1/4 tasse de vinaigre balsamique

1 cuillère à soupe de thym frais haché

Préchauffez votre four à 425 degrés F (220 degrés C).

Beurrer une plaque à pâtisserie.

Mettez le chou et l'oignon dans un bol.

Ajoutez 4 cuillères à soupe d'huile d'olive, salez et poivrez.

Remuer pour bien enrober et étaler le mélange de germes dans la poêle.

Cuire au four jusqu'à ce que les pousses et les oignons soient tendres, environ 25 à 30 minutes.

Faites chauffer la cuillère à soupe d'huile d'olive restante dans une petite poêle à feu moyen-vif.

Faire revenir les échalotes jusqu'à ce qu'elles soient tendres, environ 5 minutes.

Ajouter le vinaigre balsamique et cuire jusqu'à ce que le glaçage soit réduit, environ 5 minutes.

Ajoutez le thym au glaçage balsamique et versez sur les pousses.

Soupe italienne à l'oignon rouge

2 cuillères à soupe d'huile d'olive extra vierge

2 gros oignons rouges, hachés

1 petite carotte, pelée et tranchée finement

1 céleri-rave, tranché finement

1/2 cuillère à café d'assaisonnement italien

2 tasses de bouillon de légumes

1/4 tasse de vinaigre de vin rouge

Chauffer l'huile à feu moyen-vif.

Faire revenir les oignons rouges jusqu'à ce qu'ils soient tendres, environ 5 minutes.

Ajouter lentement les carottes, le céleri et l'assaisonnement italien.

Cuire encore 5 minutes ou jusqu'à ce que les carottes soient tendres.

Ajouter le bouillon de légumes et le vinaigre de vin rouge.

Porter à ébullition et laisser mijoter à feu doux.

Cuire encore 15 minutes.

Soupe rouge française

2 cuillères à soupe d'huile d'olive

2 gros oignons rouges, hachés

1 petite carotte, pelée et tranchée finement

1 céleri-rave, tranché finement

1/2 cuillère à café d'herbes de Provence

1 tasse de bouillon de légumes

1 tasse de bouillon de légumes

1/4 tasse de vinaigre de vin

Chauffer l'huile à feu moyen-vif.

Faire revenir les oignons rouges jusqu'à ce qu'ils soient tendres, environ 5 minutes.

Ajoutez lentement les carottes, le céleri et les herbes de Provence.

Cuire encore 5 minutes ou jusqu'à ce que les carottes soient tendres.

Ajouter le bouillon de légumes, le bouillon et le vinaigre.

Porter à ébullition et laisser mijoter à feu doux.

Cuire encore 15 minutes.

Soupe de panais à la française

2 cuillères à soupe d'huile d'olive extra vierge

1 petit oignon rouge, haché

1 gros panais, pelé et tranché finement

1 céleri-rave, tranché finement

1/2 cuillère à café d'estragon séché

2 tasses de bouillon de légumes

1/4 tasse de vinaigre de vin

Chauffer l'huile à feu moyen-vif.

Faire revenir les oignons rouges jusqu'à ce qu'ils soient tendres, environ 5 minutes.

Ajoutez lentement les panais, le céleri et l'estragon

Cuire encore 5 minutes ou jusqu'à ce que les carottes soient tendres.

Ajouter le bouillon de légumes et le vinaigre.

Porter à ébullition et laisser mijoter à feu doux.

Cuire encore 15 minutes.

Soupe d'oignons rouges et de panais

2 cuillères à soupe d'huile d'olive extra vierge

3 gros oignons rouges, hachés

1 petit panais, pelé et tranché finement

1 céleri-rave, tranché finement

1/2 cuillère à café d'estragon séché

2 tasses de bouillon de légumes

1/4 tasse de vinaigre de vin

Chauffer l'huile à feu moyen-vif.

Faire revenir les oignons rouges jusqu'à ce qu'ils soient tendres, environ 5 minutes.

Ajoutez lentement les panais, le céleri et l'estragon

Cuire encore 5 minutes ou jusqu'à ce que les carottes soient tendres.

Ajouter le bouillon de légumes et le vinaigre.

Porter à ébullition et laisser mijoter à feu doux.

Cuire encore 15 minutes.

soupe au pesto de carottes

2 cuillères à soupe d'huile d'olive extra vierge

1 petit oignon rouge, haché

1 petite carotte, pelée et tranchée finement

1 petit panais, pelé et tranché finement

1/2 cuillère à café d'herbes italiennes séchées

1 tasse de bouillon de légumes

1 tasse de bouillon de légumes

2 cuillères à soupe. Pesto

1/4 tasse de vinaigre de vin

Chauffer l'huile à feu moyen-vif.

Faire revenir les oignons rouges jusqu'à ce qu'ils soient tendres, environ 5 minutes.

Ajouter lentement les carottes, les panais et les herbes italiennes

Cuire encore 5 minutes ou jusqu'à ce que les carottes soient tendres.

Ajouter le bouillon de légumes, le bouillon, le pesto et le vinaigre.

Porter à ébullition et laisser mijoter à feu doux.

Cuire encore 15 minutes.

Soupe de tomates et citronnelle

2 cuillères à soupe d'huile d'olive

1 petit oignon rouge, haché

1 petite carotte, pelée et tranchée finement

2 grosses tomates, tranchées finement

1/2 cuillère à café de gingembre émincé

2 brins de citronnelle

2 tasses de bouillon de légumes

2 cuillères à soupe. vinaigre

Chauffer l'huile à feu moyen-vif.

Faire revenir les oignons rouges jusqu'à ce qu'ils soient tendres, environ 5 minutes.

Ajoutez lentement les carottes, le gingembre haché, la tomate et la citronnelle.

Cuire encore 5 minutes ou jusqu'à ce que les carottes soient tendres.

Ajouter le bouillon de légumes et le vinaigre.

Porter à ébullition et laisser mijoter à feu doux.

Cuire encore 15 minutes.

Soupe chinoise aux navets

2 cuillères à soupe d'huile de sésame

1 petit oignon rouge, haché

1 gros navet, pelé et tranché finement

2 cuillères à café de pâte d'ail et de piment

1/2 cuillère à café de gingembre émincé

2 tasses de bouillon de légumes

2 cuillères à soupe. Cerise sechée

2 cuillères à soupe. vinaigre blanc distillé

1 cuillère à café de sauce soja

Chauffer l'huile à feu moyen-vif.

Faire revenir les oignons rouges jusqu'à ce qu'ils soient tendres, environ 5 minutes.

Ajoutez lentement le navet, le gingembre émincé, la sauce soja et la pâte piment-ail.

Cuire encore 5 minutes ou jusqu'à ce que les carottes soient tendres.

Ajouter le bouillon de légumes, le xérès sec et le vinaigre.

Porter à ébullition et laisser mijoter à feu doux.

Cuire encore 15 minutes.

Soupe de pommes de terre rôties et pois chiches

ingrédients

2 tasses de pommes de terre grelots

3 cuillères à soupe d'huile d'olive extra vierge, divisées

2 ¼ tasses de tomates cerises

2 tasses de haricots verts frais coupés de 1 pouce

6 gousses d'ail hachées

2 cuillères à café de basilic séché

1 cuillère à café de sel en flocons casher

1 boîte (15 onces) de pois chiches, égouttés et rincés

2 cuillères à café d'huile d'olive extra vierge, ou au goût (facultatif)

Sel de mer

poivre noir au goût

Préchauffez votre four à 425 degrés F (220 degrés C).

Tapisser une plaque à pâtisserie de papier d'aluminium.

Mélanger les pommes de terre avec 1 cuillère à soupe d'huile d'olive dans un bol moyen.

Verser dans une rôtissoire.

Rôtir au four jusqu'à tendreté, environ 30 minutes.

Mélangez les tomates cerises, les haricots verts, l'ail, le basilic et le sel marin avec 2 cuillères à soupe d'huile d'olive.

Sortez les pommes de terre du four.

Poussez-les d'un côté de la poêle.

Ajouter le mélange de tomates cerises et de haricots verts.

Griller jusqu'à ce que les tomates commencent à flétrir, env. 18 minutes

Sortez-le du four et versez-le dans une assiette.

Ajouter les pois chiches, 2 cuillères à café d'huile d'olive et assaisonner de sel et de poivre.

Soupe de patates douces rôties et haricots

ingrédients

2 tasses de patates douces

3 cuillères à soupe d'huile d'olive extra vierge, divisées

2 ¼ tasses de tomates cerises

2 tasses de haricots verts frais coupés de 1 pouce

8 gousses d'ail hachées

2 cuillères à café de basilic séché

1 cuillère à café de sel marin

1 boîte (15 onces) de haricots rouges, égouttés et rincés

2 cuillères à café d'huile d'olive extra vierge, ou au goût (facultatif)
Sel de mer
Poivre arc-en-ciel au goût, finement moulu

Préchauffez votre four à 425 degrés F (220 degrés C).

Tapisser une plaque à pâtisserie de papier d'aluminium.

Mélanger les patates douces avec 1 cuillère à soupe d'huile d'olive dans un bol moyen.

Verser dans une rôtissoire.

Rôtir au four jusqu'à tendreté, environ 30 minutes.

Mélangez les tomates cerises, les haricots verts, l'ail, le basilic et le sel marin avec 2 cuillères à soupe d'huile d'olive.

Sortez les pommes de terre du four.

Poussez-les d'un côté de la poêle.

Ajouter le mélange de tomates cerises et de haricots verts.

Griller jusqu'à ce que les tomates commencent à flétrir, env. 18 minutes

Sortez-le du four et versez-le dans une assiette.

Ajoutez les haricots, 2 cuillères à café d'huile d'olive et assaisonnez avec du sel marin et des grains de poivre arc-en-ciel.

Soupe française de pommes de terre et pois chiches

ingrédients

2 tasses de pommes de terre grelots

3 cuillères à soupe d'huile d'olive extra vierge, divisées

2 ¼ tasses de tomates romaines

2 tasses de haricots verts frais coupés de 1 pouce

9 gousses d'ail hachées

2 cuillères à café d'herbes de Provence

1 cuillère à café de sel marin

1 boîte (15 onces) de pois chiches, égouttés et rincés

2 cuillères à café d'huile d'olive extra vierge, ou au goût (facultatif)

Sel de mer

poivre noir au goût

Préchauffez votre four à 425 degrés F (220 degrés C).

Tapisser une plaque à pâtisserie de papier d'aluminium.

Mélanger les pommes de terre avec 1 cuillère à soupe d'huile d'olive dans un bol moyen.

Verser dans une rôtissoire.

Rôtir au four jusqu'à tendreté, environ 30 minutes.

Mélangez les tomates cerises, les haricots verts, l'ail, les herbes de Provence et le sel marin avec 2 cuillères à soupe d'huile d'olive.

Sortez les pommes de terre du four.

Poussez-les d'un côté de la poêle.

Ajouter le mélange de tomates cerises et de haricots verts.

Griller jusqu'à ce que les tomates commencent à flétrir, env. 18 minutes

Sortez-le du four et versez-le dans une assiette.

Ajouter les pois chiches, 2 cuillères à café d'huile d'olive et assaisonner de sel et de poivre.

Soupe épicée aux tomates et pommes de terre

ingrédients

2 tasses de patates douces

3 cuillères à soupe d'huile de sésame, divisée

2 ¼ tasses de tomates cerises

2 tasses de haricots verts frais coupés de 1 pouce

9 gousses d'ail hachées

2 cuillères à café de poivre de Cayenne

1 cuillère à café de sel marin

1 boîte (15 onces) de haricots noirs, égouttés et rincés

2 cuillères à café d'huile de sésame ou au goût (facultatif)

Sel de mer

poivre noir au goût

Préchauffez votre four à 425 degrés F (220 degrés C).

Tapisser une plaque à pâtisserie de papier d'aluminium.

Mélanger les patates douces avec 1 cuillère à soupe d'huile de sésame dans un bol moyen.

Verser dans une rôtissoire.

Rôtir au four jusqu'à tendreté, environ 30 minutes.

Mélangez les tomates cerises, les haricots verts, l'ail, le poivre de Cayenne et le sel marin avec 2 cuillères à soupe d'huile de sésame.

Sortez les pommes de terre du four.

Poussez-les d'un côté de la poêle.

Ajouter le mélange de tomates cerises et de haricots verts.

Griller jusqu'à ce que les tomates commencent à flétrir, env. 18 minutes

Sortez-le du four et versez-le dans une assiette.

Ajoutez les haricots noirs, 2 cuillères à café d'huile de sésame et assaisonnez de sel et de poivre.

Chou-fleur et tomates rôties

ingrédients

aérosol de cuisson

1 cuillère à soupe d'huile d'olive extra vierge

3 gousses d'ail, émincées

1/2 cuillère à café de sel marin

1/4 cuillère à café de poivre noir moulu

3 1/2 dl de chou-fleur tranché

2 1/2 dl de tomates cerises

1 boîte (15 onces) de pois chiches, égouttés

1 citron vert, coupé en dés

1 cuillère à soupe de coriandre fraîche hachée

Préchauffez votre four à 450 degrés F.

Tapisser une plaque à pâtisserie de papier d'aluminium et badigeonner d'huile d'olive.

Mélanger l'huile d'olive, l'ail, le sel et le poivre dans un bol.

Ajouter le chou-fleur, les tomates et les pois chiches.

Mélanger jusqu'à ce que le tout soit bien enrobé.

Étalez-les en une seule couche sur la plaque à pâtisserie.

Ajoutez les tranches de citron vert.

Rôtir au four jusqu'à ce que les légumes caramélisent, environ 25 minutes.

Retirez les tranches de citron et garnissez de coriandre.

Chou-fleur fumé au four et ail

ingrédients

aérosol de cuisson

1 cuillère à soupe d'huile d'olive extra vierge

3 gousses d'ail, émincées

1/2 cuillère à café de sel marin

1/4 cuillère à café de poivre noir moulu

½ cuillère à café de cumin

½ cuillère à café de graines de roucou

3 1/2 dl de chou-fleur tranché

1 citron vert, coupé en dés

1 cuillère à soupe de coriandre fraîche hachée

Préchauffez votre four à 450 degrés F.

Tapisser une plaque à pâtisserie de papier d'aluminium et badigeonner d'huile d'olive.

Mélanger l'huile d'olive, l'ail, le cumin, les graines de roucou, le sel et le poivre dans un bol.

Ajouter le chou-fleur, les carottes et le brocoli.

Mélanger jusqu'à ce que le tout soit bien enrobé.

Étalez-les en une seule couche sur la plaque à pâtisserie.

Ajoutez les tranches de citron vert.

Rôtir au four jusqu'à ce que les légumes caramélisent, environ 25 minutes.

Retirez les tranches de citron et garnissez de coriandre.

Brocoli et chou-fleur rôtis

ingrédients

aérosol de cuisson

1 cuillère à soupe d'huile de sésame

3 gousses d'ail, émincées

1/2 cuillère à café de sel marin

1/4 cuillère à café de poivre noir moulu

3 1/2 dl de chou-fleur tranché

2 1/2 tasses de brocoli haché

1 cuillère à soupe de coriandre fraîche hachée

Préchauffez votre four à 450 degrés F.

Tapisser une plaque à pâtisserie de papier d'aluminium et badigeonner d'huile d'olive.

Mélanger l'huile de sésame, l'ail, le sel et le poivre dans un bol.

Ajouter le chou-fleur et le brocoli.

Mélanger jusqu'à ce que le tout soit bien enrobé.

Étalez-les en une seule couche sur la plaque à pâtisserie.

Rôtir au four jusqu'à ce que les légumes caramélisent, environ 25 minutes.

Garnir de coriandre.

Pois chiches rôtis et brocoli

ingrédients

aérosol de cuisson

1 cuillère à soupe d'huile d'olive extra vierge

3 gousses d'ail, émincées

1/2 cuillère à café de sel marin

1/4 cuillère à café de poivre noir moulu

3 1/2 dl de chou-fleur tranché

2 1/2 dl de brocoli cerise

1 boîte (15 onces) de pois chiches, égouttés

1 cuillère à café de cumin

1 cuillère à café de graines de roucou séchées

1 cuillère à soupe de coriandre fraîche hachée

Préchauffez votre four à 450 degrés F.

Tapisser une plaque à pâtisserie de papier d'aluminium et badigeonner d'huile d'olive.

Mélanger l'huile d'olive, l'ail, le sel et le poivre dans un bol.

Ajouter le chou-fleur, le brocoli et les pois chiches.

Mélanger jusqu'à ce que le tout soit bien enrobé.

Étalez-les en une seule couche sur la plaque à pâtisserie.

Assaisonner de cumin. Graines de rocou et plus de sel si nécessaire.

Rôtir au four jusqu'à ce que les légumes caramélisent, environ 25 minutes.

Retirez les tranches de citron et garnissez de coriandre.

Tomates cerises rôties et pois chiches

ingrédients

aérosol de cuisson

1 cuillère à soupe de beurre/margarine végétalienne fondue

9 gousses d'ail hachées

1/2 cuillère à café de sel marin

1/4 cuillère à café de poivre noir moulu

1 1/2 dl de chou-fleur tranché

3 1/2 dl de tomates cerises

1 boîte (15 onces) de pois chiches, égouttés

1 citron coupé en quartiers

Préchauffez votre four à 450 degrés F.

Tapisser une plaque à pâtisserie de papier d'aluminium et beurrer avec du beurre végétalien ou de la margarine fondue.

Mélanger l'huile d'olive, l'ail, le sel et le poivre dans un bol.

Ajouter le chou-fleur, les tomates et les pois chiches.

Mélanger jusqu'à ce que le tout soit bien enrobé.

Étalez-les en une seule couche sur la plaque à pâtisserie.

Ajoutez les tranches de citron.

Rôtir au four jusqu'à ce que les légumes caramélisent, environ 25 minutes.

Sortez les tranches de citron.

Pois chiches végétaliens italiens rôtis au beurre

ingrédients

aérosol de cuisson

1 cuillère à soupe de beurre/margarine végétalienne fondue

8 gousses d'ail hachées

1/2 cuillère à café de sel marin

1/4 cuillère à café d'assaisonnement italien

3 1/2 dl de chou-fleur tranché

2 1/2 dl de tomates cerises

1 boîte (15 onces) de pois chiches, égouttés

1 citron vert, coupé en dés

¼ tasse d'olives vertes

Préchauffez votre four à 450 degrés F.

Tapisser une plaque à pâtisserie de papier d'aluminium et badigeonner d'huile d'olive.

Mettez l'huile d'olive, l'ail, le sel et l'assaisonnement italien dans un bol.

Ajouter le chou-fleur, les olives vertes, les tomates et les pois chiches.

Mélanger jusqu'à ce que le tout soit bien enrobé.

Étalez-les en une seule couche sur la plaque à pâtisserie.

Ajoutez les tranches de citron vert.

Rôtir au four jusqu'à ce que les légumes caramélisent, environ 25 minutes.

Retirez les tranches de citron et garnissez de coriandre.

Choux de Bruxelles rôtis

ingrédients

aérosol de cuisson

1 cuillère à soupe d'huile d'olive extra vierge

8 gousses d'ail hachées

1/2 cuillère à café de sel marin

1/4 cuillère à café de grains de poivre arc-en-ciel

3 1/2 dl de chou-fleur tranché

2 1/2 tasses de choux de Bruxelles tranchés

1 citron vert, coupé en dés

1 cuillère à soupe de coriandre fraîche hachée

Préchauffez votre four à 450 degrés F.

Tapisser une plaque à pâtisserie de papier d'aluminium et badigeonner d'huile d'olive.

Mélanger l'huile d'olive, l'ail, le sel et le poivre dans un bol.

Ajouter le chou-fleur et les choux de Bruxelles.

Mélanger jusqu'à ce que le tout soit bien enrobé.

Étalez-les en une seule couche sur la plaque à pâtisserie.

Ajoutez les tranches de citron vert.

Rôtir au four jusqu'à ce que les légumes caramélisent, environ 25 minutes.

Retirez les tranches de citron et garnissez de coriandre.

Chou-fleur et champignons rôtis

ingrédients

aérosol de cuisson

1 cuillère à soupe d'huile de sésame

3 gousses d'ail, émincées

1/2 cuillère à café de sel marin

1/4 cuillère à café de poivre noir moulu

3 1/2 dl de chou-fleur tranché

2 1/2 tasses de champignons tranchés

1 cuillère à soupe de coriandre fraîche hachée

Préchauffez votre four à 450 degrés F.

Tapisser une plaque à pâtisserie de papier d'aluminium et graisser avec de l'huile de sésame.

Mélanger l'huile d'olive, l'ail, le sel et le poivre dans un bol.

Ajouter le chou-fleur et les champignons.

Mélanger jusqu'à ce que le tout soit bien enrobé.

Étalez-les en une seule couche sur la plaque à pâtisserie.

Ajoutez les tranches de citron vert.

Rôtir au four jusqu'à ce que les légumes caramélisent, environ 25 minutes.

Retirez les tranches de citron et garnissez de coriandre.

Haricots noirs épicés et tomates rôties

ingrédients

aérosol de cuisson

1 cuillère à soupe d'huile de sésame

3 gousses d'ail, émincées

1/2 cuillère à café de sel marin

1 cuillère à soupe. Pâte de piment thaï

1/4 cuillère à café de poivre noir moulu

3 1/2 dl de chou-fleur tranché

2 1/2 dl de tomates cerises

1 boîte (15 onces) de haricots noirs, égouttés

1 citron vert, coupé en dés

1 cuillère à soupe de coriandre fraîche hachée

Préchauffez votre four à 450 degrés F.

Tapisser une plaque à pâtisserie de papier d'aluminium et graisser avec de l'huile de sésame.

Mélanger l'huile d'olive, l'ail, le sel, la pâte de piment thaïlandais et le poivre dans un bol.

Ajouter le chou-fleur, les tomates et les haricots noirs.

Mélanger jusqu'à ce que le tout soit bien enrobé.

Étalez-les en une seule couche sur la plaque à pâtisserie.

Ajoutez les tranches de citron vert.

Rôtir au four jusqu'à ce que les légumes caramélisent, environ 25 minutes.

Retirez les tranches de citron et garnissez de coriandre.

Chou-fleur rôti nature

ingrédients

aérosol de cuisson

1 cuillère à soupe d'huile d'olive extra vierge

3 gousses d'ail, émincées

1/2 cuillère à café de sel marin

1/4 cuillère à café de poivre noir moulu

3 1/2 dl de chou-fleur tranché

2 1/2 dl de tomates cerises

1 cuillère à soupe de thym frais haché

Préchauffez votre four à 450 degrés F.

Tapisser une plaque à pâtisserie de papier d'aluminium et badigeonner d'huile d'olive.

Mélanger l'huile d'olive, l'ail, le sel et le poivre dans un bol.

Ajouter le chou-fleur et les tomates.

Mélanger jusqu'à ce que le tout soit bien enrobé.

Étalez-les en une seule couche sur la plaque à pâtisserie.

Rôtir au four jusqu'à ce que les légumes caramélisent, environ 25 minutes.

Garnir de thym.

Brocolis et tomates rôtis simples

ingrédients

aérosol de cuisson

1 cuillère à soupe d'huile d'olive extra vierge

3 gousses d'ail, émincées

1/2 cuillère à café de sel marin

1/4 cuillère à café de poivre noir moulu

3 1/2 dl de brocoli tranché

2 1/2 dl de tomates cerises

1 cuillère à soupe de thym frais haché

Préchauffez votre four à 450 degrés F.

Tapisser une plaque à pâtisserie de papier d'aluminium et badigeonner d'huile d'olive.

Mélanger l'huile d'olive, l'ail, le sel et le poivre dans un bol.

Ajouter le chou-fleur et les tomates.

Mélanger jusqu'à ce que le tout soit bien enrobé.

Étalez-les en une seule couche sur la plaque à pâtisserie.

Rôtir au four jusqu'à ce que les légumes caramélisent, environ 25 minutes.

Garnir de thym.

Pommes rôties simples et chou rouge

ingrédients bonus

aérosol de cuisson

1 cuillère à soupe d'huile d'olive extra vierge

1/2 cuillère à café de sel marin

1/4 cuillère à café de poivre noir moulu

Les ingrédients principaux

1 tasse de pommes Fuji coupées en dés

1/2 chou rouge moyen, tranché finement

Préchauffez votre four à 450 degrés F.

Tapisser une plaque à pâtisserie de papier d'aluminium et badigeonner d'huile d'olive.

Mélangez bien les ingrédients supplémentaires.

Ajouter les ingrédients principaux

Mélanger jusqu'à ce que le tout soit bien enrobé.

Étalez-les en une seule couche sur la plaque à pâtisserie.

Rôtir au four jusqu'à ce que les légumes caramélisent, environ 25 minutes.

épinards et cerises grillées

ingrédients bonus

aérosol de cuisson

1 cuillère à soupe d'huile d'olive extra vierge

1/2 cuillère à café de sel marin

1/4 cuillère à café de poivre noir moulu

Les ingrédients principaux

1/4 tasse de cerises

1 botte d'épinards, rincés et égouttés

Préchauffez votre four à 450 degrés F.

Tapisser une plaque à pâtisserie de papier d'aluminium et badigeonner d'huile d'olive.

Mélangez bien les ingrédients supplémentaires.

Ajouter les ingrédients principaux

Mélanger jusqu'à ce que le tout soit bien enrobé.

Étalez-les en une seule couche sur la plaque à pâtisserie.

Rôtir au four jusqu'à ce que les légumes caramélisent, environ 25 minutes.

Coeurs de chou frisé rôti et artichauts

ingrédients bonus

aérosol de cuisson

1 cuillère à soupe d'huile d'olive extra vierge

1/2 cuillère à café de sel marin

1/4 cuillère à café de poivre noir moulu

Les ingrédients principaux

1 botte de chou frisé, rincé et égoutté

1 tasse de cœurs d'artichauts en conserve

Préchauffez votre four à 450 degrés F.

Tapisser une plaque à pâtisserie de papier d'aluminium et badigeonner d'huile d'olive.

Mélangez bien les ingrédients supplémentaires.

Ajouter les ingrédients principaux

Mélanger jusqu'à ce que le tout soit bien enrobé.

Étalez-les en une seule couche sur la plaque à pâtisserie.

Rôtir au four jusqu'à ce que les légumes caramélisent, environ 25 minutes.

Chou napa et carottes rôtis

ingrédients bonus

aérosol de cuisson

1 cuillère à soupe d'huile d'olive extra vierge

1/2 cuillère à café de sel marin

1/4 cuillère à café de poivre noir moulu

Les ingrédients principaux

1/2 chou Napa moyen, tranché finement

5 mini carottes

Préchauffez votre four à 450 degrés F.

Tapisser une plaque à pâtisserie de papier d'aluminium et badigeonner d'huile d'olive.

Mélangez bien les ingrédients supplémentaires.

Ajouter les ingrédients principaux

Mélanger jusqu'à ce que le tout soit bien enrobé.

Étalez-les en une seule couche sur la plaque à pâtisserie.

Rôtir au four jusqu'à ce que les légumes caramélisent, environ 25 minutes.

Carottes rôties et cresson

ingrédients bonus

aérosol de cuisson

1 cuillère à soupe d'huile d'olive extra vierge

1/2 cuillère à café de sel marin

1/4 cuillère à café de poivre noir moulu

Les ingrédients principaux

5 mini carottes

1 botte de cresson rincé et égoutté

Préchauffez votre four à 450 degrés F.

Tapisser une plaque à pâtisserie de papier d'aluminium et badigeonner d'huile d'olive.

Mélangez bien les ingrédients supplémentaires.

Ajouter les ingrédients principaux

Mélanger jusqu'à ce que le tout soit bien enrobé.

Étalez-les en une seule couche sur la plaque à pâtisserie.

Rôtir au four jusqu'à ce que les légumes caramélisent, environ 25 minutes.

Chou frisé rôti simple, cœur d'artichaut et chou rouge

ingrédients bonus

aérosol de cuisson

1 cuillère à soupe d'huile d'olive extra vierge

1/2 cuillère à café de sel marin

1/4 cuillère à café de poivre noir moulu

Les ingrédients principaux

1 botte de chou frisé, rincé et égoutté

1 tasse de cœurs d'artichauts en conserve

1/2 chou rouge moyen, tranché finement

Préchauffez votre four à 450 degrés F.

Tapisser une plaque à pâtisserie de papier d'aluminium et badigeonner d'huile d'olive.

Mélangez bien les ingrédients supplémentaires.

Ajouter les ingrédients principaux

Mélanger jusqu'à ce que le tout soit bien enrobé.

Étalez-les en une seule couche sur la plaque à pâtisserie.

Rôtir au four jusqu'à ce que les légumes caramélisent, environ 25 minutes.

Petites carottes et épinards rôtis au chou Napa

ingrédients bonus

aérosol de cuisson

1 cuillère à soupe d'huile d'olive extra vierge

1/2 cuillère à café de sel marin

1/4 cuillère à café de poivre noir moulu

Les ingrédients principaux

1/2 chou Napa moyen, tranché finement

5 mini carottes

1 botte d'épinards, rincés et égouttés

Préchauffez votre four à 450 degrés F.

Tapisser une plaque à pâtisserie de papier d'aluminium et badigeonner d'huile d'olive.

Mélangez bien les ingrédients supplémentaires.

Ajouter les ingrédients principaux

Mélanger jusqu'à ce que le tout soit bien enrobé.

Étalez-les en une seule couche sur la plaque à pâtisserie.

Rôtir au four jusqu'à ce que les légumes caramélisent, environ 25 minutes.

Épinards rôtis et cresson de carotte

ingrédients bonus

aérosol de cuisson

1 cuillère à soupe d'huile d'olive extra vierge

1/2 cuillère à café de sel marin

1/4 cuillère à café de poivre noir moulu

Les ingrédients principaux

5 mini carottes

1 botte d'épinards, rincés et égouttés

1 botte de cresson rincé et égoutté

Préchauffez votre four à 450 degrés F.

Tapisser une plaque à pâtisserie de papier d'aluminium et badigeonner d'huile d'olive.

Mélangez bien les ingrédients supplémentaires.

Ajouter les ingrédients principaux

Mélanger jusqu'à ce que le tout soit bien enrobé.

Étalez-les en une seule couche sur la plaque à pâtisserie.

Rôtir au four jusqu'à ce que les légumes caramélisent, environ 25 minutes.

Coeurs de cornet rôtis et chou rouge

ingrédients bonus

aérosol de cuisson

1 cuillère à soupe d'huile d'olive extra vierge

1/2 cuillère à café de sel marin

1/4 cuillère à café de poivre noir moulu

Les ingrédients principaux

1/2 chou rouge moyen, tranché finement

1 tasse de cœurs d'artichauts en conserve

Préchauffez votre four à 450 degrés F.

Tapisser une plaque à pâtisserie de papier d'aluminium et badigeonner d'huile d'olive.

Mélangez bien les ingrédients supplémentaires.

Ajouter les ingrédients principaux

Mélanger jusqu'à ce que le tout soit bien enrobé.

Étalez-les en une seule couche sur la plaque à pâtisserie.

Rôtir au four jusqu'à ce que les légumes caramélisent, environ 25 minutes.

Chou frisé rôti et chou rouge

ingrédients bonus

aérosol de cuisson

1 cuillère à soupe d'huile d'olive extra vierge

1/2 cuillère à café de sel marin

1/4 cuillère à café de poivre noir moulu

Les ingrédients principaux

1 botte de chou frisé, rincé et égoutté

1/2 chou rouge moyen, tranché finement

Préchauffez votre four à 450 degrés F.

Tapisser une plaque à pâtisserie de papier d'aluminium et badigeonner d'huile d'olive.

Mélangez bien les ingrédients supplémentaires.

Ajouter les ingrédients principaux

Mélanger jusqu'à ce que le tout soit bien enrobé.

Étalez-les en une seule couche sur la plaque à pâtisserie.

Rôtir au four jusqu'à ce que les légumes caramélisent, environ 25 minutes.

Chou napa et chou frisé rôtis

ingrédients bonus

aérosol de cuisson

1 cuillère à soupe d'huile d'olive extra vierge

1/2 cuillère à café de sel marin

1/4 cuillère à café de poivre noir moulu

Les ingrédients principaux

1/2 chou Napa moyen, tranché finement

1 botte de chou frisé, rincé et égoutté

Préchauffez votre four à 450 degrés F.

Tapisser une plaque à pâtisserie de papier d'aluminium et badigeonner d'huile d'olive.

Mélangez bien les ingrédients supplémentaires.

Ajouter les ingrédients principaux

Mélanger jusqu'à ce que le tout soit bien enrobé.

Étalez-les en une seule couche sur la plaque à pâtisserie.

Rôtir au four jusqu'à ce que les légumes caramélisent, environ 25 minutes.

Haricots beurre rôtis et courge musquée

ingrédients

2 boîtes (15 onces) de haricots beurre, rincés et égouttés

1/2 courge musquée, pelée, épépinée et coupée en morceaux de 1 pouce

1 oignon rouge, coupé en dés

1 patate douce, pelée et coupée en cubes de 1 pouce

2 grosses carottes, coupées en morceaux de 1 pouce

3 pommes de terre moyennes, coupées en morceaux de 1 pouce

3 cuillères à soupe d'huile de sésame

Ingrédients pour les épices

1 cuillère à café de sel

1/2 cuillère à café de poivre noir moulu

1 cuillère à café de poudre d'oignon

2 cuillères à café de poudre d'ail

1 cuillère à café de graines de fenouil moulues

1 cuillère à café de sauge séchée et frottée

Ingrédients pour la décoration

2 oignons verts, hachés (facultatif)

Préchauffez votre four à 350 degrés F.

Beurrez votre plaque à pâtisserie.

Mélanger les pois chiches, la courge, l'oignon, la patate douce, les carottes et les pommes de terre rouges dans le plat préparé.

Arrosez d'huile et mélangez pour bien enrober.

Mélangez les ingrédients de l'assaisonnement dans un bol.

Saupoudrez-les sur les légumes dans la poêle et retournez-les pour les enrober d'épices.

Cuire au four pendant 25 minutes.

Remuer fréquemment jusqu'à ce que les légumes soient tendres et légèrement dorés et que les pois chiches soient croustillants, env. 20 à 25 minutes supplémentaires.

Assaisonner avec plus de sel et de poivre noir au goût, garnir d'oignons verts avant de servir.

Haricots noirs rôtis et courge musquée

ingrédients

2 boîtes (15 onces) de haricots noirs, rincés et égouttés

1/2 courge musquée, pelée, épépinée et coupée en morceaux de 1 pouce

1 oignon rouge, coupé en dés

1 patate douce, pelée et coupée en cubes de 1 pouce

2 grosses carottes, coupées en morceaux de 1 pouce

3 pommes de terre moyennes, coupées en morceaux de 1 pouce

3 cuillères à soupe d'huile d'olive extra vierge

Ingrédients pour les épices

1 cuillère à café de sel

1/2 cuillère à café de poivre noir moulu

1 cuillère à café de poudre d'oignon

2 cuillères à café de poudre d'ail

1 cuillère à café de cumin

1 cuillère à café de poudre de chili

Ingrédients pour la décoration

2 oignons verts, hachés (facultatif)

Préchauffez votre four à 350 degrés F.

Beurrez votre plaque à pâtisserie.

Mélanger les haricots noirs, la courge, l'oignon, la patate douce, les carottes et les pommes de terre rouges sur une plaque à pâtisserie préparée.

Arrosez d'huile et mélangez pour bien enrober.

Mélangez les ingrédients de l'assaisonnement dans un bol.

Saupoudrez-les sur les légumes dans la poêle et retournez-les pour les enrober d'épices.

Cuire au four pendant 25 minutes.

Remuer fréquemment jusqu'à ce que les légumes soient tendres et légèrement dorés et que les pois chiches soient croustillants, env. 20 à 25 minutes supplémentaires.

Assaisonner avec plus de sel et de poivre noir au goût, garnir d'oignons verts avant de servir.

Haricots et pommes de terre rôtis

ingrédients

2 boîtes (15 onces) de haricots rouges, rincés et égouttés

1/2 courge musquée, pelée, épépinée et coupée en morceaux de 1 pouce

1 oignon rouge, coupé en dés

1 patate douce, pelée et coupée en cubes de 1 pouce

2 grosses carottes, coupées en morceaux de 1 pouce

3 pommes de terre moyennes, coupées en morceaux de 1 pouce

4 cuillères à soupe d'huile d'olive extra vierge

Ingrédients pour les épices

1 cuillère à café de sel

1/2 cuillère à café de poivre noir moulu

1 cuillère à café de poudre d'oignon

1 cuillère à café de basilic séché

1 cuillère à café d'assaisonnement italien

Ingrédients pour la décoration

2 oignons verts, hachés (facultatif)

Préchauffez votre four à 350 degrés F.

Beurrez votre plaque à pâtisserie.

Mélanger les haricots, la courge, l'oignon, la patate douce, les carottes et les pommes de terre rouges dans le plat préparé.

Arrosez d'huile et mélangez pour bien enrober.

Mélangez les ingrédients de l'assaisonnement dans un bol.

Saupoudrez-les sur les légumes dans la poêle et retournez-les pour les enrober d'épices.

Cuire au four pendant 25 minutes.

Remuer fréquemment jusqu'à ce que les légumes soient tendres et légèrement dorés et que les pois chiches soient croustillants, env. 20 à 25 minutes supplémentaires.

Assaisonner avec plus de sel et de poivre noir au goût, garnir d'oignons verts avant de servir.

Pomme de terre au four et panais

Les ingrédients principaux

2 boîtes (15 onces) de haricots Great Northern, rincés et égouttés

1/2 courge musquée, pelée, épépinée et coupée en morceaux de 1 pouce

1 oignon jaune coupé en dés

1 pomme de terre, pelée et coupée en cubes de 1 pouce

2 gros panais, coupés en morceaux de 1 pouce

3 pommes de terre moyennes, coupées en morceaux de 1 pouce

3 cuillères à soupe d'huile d'olive extra vierge

Ingrédients pour les épices

1 cuillère à café de sel marin

1/2 cuillère à café de grains de poivre arc-en-ciel moulus

1 cuillère à café de poudre d'oignon

2 cuillères à café de poudre d'ail

1 cuillère à café de graines de fenouil moulues

1 cuillère à café de sauge séchée et frottée

Ingrédients pour la décoration

2 oignons verts, hachés (facultatif)

Préchauffez votre four à 350 degrés F.

Beurrez votre plaque à pâtisserie.

Mélangez les ingrédients principaux sur la plaque à pâtisserie préparée.

Arrosez d'huile et mélangez pour bien enrober.

Mélangez les ingrédients de l'assaisonnement dans un bol.

Saupoudrez-les sur les légumes dans la poêle et retournez-les pour les enrober d'épices.

Cuire au four pendant 25 minutes.

Remuer fréquemment jusqu'à ce que les légumes soient tendres et légèrement dorés et que les pois chiches soient croustillants, env. 20 à 25 minutes supplémentaires.

Assaisonner avec plus de sel et de poivre noir au goût, garnir d'oignons verts avant de servir.

Haricots beurre rôtis à l'orientale et courge musquée

ingrédients

2 boîtes (15 onces) de champignons, tranchés et égouttés

1/2 courge musquée, pelée, épépinée et coupée en morceaux de 1 pouce

1 oignon rouge, coupé en dés

1 pomme de terre, pelée et coupée en cubes de 1 pouce

2 grosses carottes, coupées en morceaux de 1 pouce

3 pommes de terre moyennes, coupées en morceaux de 1 pouce

3 cuillères à soupe d'huile de sésame

Ingrédients pour les épices

1 cuillère à café de sel

1/2 cuillère à café de poivre noir moulu

1 cuillère à café de poudre d'oignon

2 cuillères à café de poudre d'ail

1 cuillère à café de grains de poivre du Sichuan

1 cuillère à café de poudre de cinq épices chinoises

Ingrédients pour la décoration

2 oignons verts, hachés (facultatif)

Préchauffez votre four à 350 degrés F.

Beurrez votre plaque à pâtisserie.

Mélangez les ingrédients principaux sur la plaque à pâtisserie préparée.

Arrosez d'huile et mélangez pour bien enrober.

Mélangez les ingrédients de l'assaisonnement dans un bol.

Saupoudrez-les sur les légumes dans la poêle et retournez-les pour les enrober d'épices.

Cuire au four pendant 25 minutes.

Remuer fréquemment jusqu'à ce que les légumes soient tendres et légèrement dorés et que les pois chiches soient croustillants, env. 20 à 25 minutes supplémentaires.

Assaisonner avec plus de sel et de poivre noir au goût, garnir d'oignons verts avant de servir.

Haricots fumés rôtis et pommes de terre

ingrédients

2 boîtes (15 onces) de haricots rouges, rincés et égouttés

1/2 courge musquée, pelée, épépinée et coupée en morceaux de 1 pouce

1 oignon rouge, coupé en dés

1 patate douce, pelée et coupée en cubes de 1 pouce

2 grosses carottes, coupées en morceaux de 1 pouce

3 pommes de terre moyennes, coupées en morceaux de 1 pouce

3 cuillères à soupe d'huile de sésame

Ingrédients pour les épices

1 cuillère à café de sel

1/2 cuillère à café de poivre noir moulu

1 cuillère à café de poudre d'oignon

2 cuillères à café de poudre d'ail

1 cuillère à café de graines de roucou moulues

1 cuillère à café de cumin

½ cuillère à café de poivre de Cayenne

Ingrédients pour la décoration

2 coriandre hachées (facultatif)

Préchauffez votre four à 350 degrés F.

Beurrez votre plaque à pâtisserie.

Mélangez les ingrédients principaux sur la plaque à pâtisserie préparée.

Arrosez d'huile et mélangez pour bien enrober.

Mélangez les ingrédients de l'assaisonnement dans un bol.

Saupoudrez-les sur les légumes dans la poêle et retournez-les pour les enrober d'épices.

Cuire au four pendant 25 minutes.

Remuer fréquemment jusqu'à ce que les légumes soient tendres et légèrement dorés et que les pois chiches soient croustillants, env. 20 à 25 minutes supplémentaires.

Assaisonner avec plus de sel et de poivre noir au goût, garnir de coriandre avant de servir.

Champignons et pommes de terre rôties

ingrédients

2 boîtes (15 onces) de champignons, rincés et égouttés

1/2 courge musquée, pelée, épépinée et coupée en morceaux de 1 pouce

1 oignon rouge, coupé en dés

1 patate douce, pelée et coupée en cubes de 1 pouce

2 grosses carottes, coupées en morceaux de 1 pouce

3 pommes de terre moyennes, coupées en morceaux de 1 pouce

3 cuillères à soupe d'huile de margarine/beurre végétalien

Ingrédients pour les épices

1 cuillère à café de sel

1/2 cuillère à café de poivre noir moulu

1 cuillère à café de poudre d'oignon

2 cuillères à café de poudre d'ail

1 cuillère à café d'herbes de Provence

Ingrédients pour la décoration

2 brins de thym hachés (facultatif)

Préchauffez votre four à 350 degrés F.

Beurrez votre plaque à pâtisserie.

Mélangez les ingrédients principaux sur la plaque à pâtisserie préparée.

Arroser de beurre végétalien fondu ou de margarine et retourner pour bien enrober.

Mélangez les ingrédients de l'assaisonnement dans un bol.

Saupoudrez-les sur les légumes dans la poêle et retournez-les pour les enrober d'épices.

Cuire au four pendant 25 minutes.

Remuer fréquemment jusqu'à ce que les légumes soient tendres et légèrement dorés et que les pois chiches soient croustillants, env. 20 à 25 minutes supplémentaires.

Assaisonner avec plus de sel et de poivre noir au goût, garnir de thym avant de servir.

Pommes de terre au four et patates douces

ingrédients

¼ tasse de câpres

½ tasse d'olives

1/2 courge musquée, pelée, épépinée et coupée en morceaux de 1 pouce

1 oignon rouge, coupé en dés

1 patate douce, pelée et coupée en cubes de 1 pouce

2 grosses carottes, coupées en morceaux de 1 pouce

3 pommes de terre moyennes, coupées en morceaux de 1 pouce

3 cuillères à soupe d'huile de sésame

Ingrédients pour les épices

1/2 cuillère à café de sel marin

1/2 cuillère à café de poivre noir moulu

1 cuillère à café de poudre d'oignon

2 cuillères à café de poudre d'ail

1 cuillère à café de graines de fenouil moulues

1 cuillère à café de sauge séchée et frottée

Ingrédients pour la décoration

2 oignons verts, hachés (facultatif)

Préchauffez votre four à 350 degrés F.

Beurrez votre plaque à pâtisserie.

Mélangez les ingrédients principaux sur la plaque à pâtisserie préparée.

Arrosez d'huile et mélangez pour bien enrober.

Mélangez les ingrédients de l'assaisonnement dans un bol.

Saupoudrez-les sur les légumes dans la poêle et retournez-les pour les enrober d'épices.

Cuire au four pendant 25 minutes.

Remuer fréquemment jusqu'à ce que les légumes soient tendres et légèrement dorés et que les pois chiches soient croustillants, env. 20 à 25 minutes supplémentaires.

Assaisonner avec plus de sel et de poivre noir au goût, garnir d'oignons verts avant de servir.

Haricots beurre rôtis et courge musquée

ingrédients

3 tomates moyennes, coupées en morceaux de 1 pouce

1/2 courge musquée, pelée, épépinée et coupée en morceaux de 1 pouce

1 oignon rouge, coupé en dés

1 navet, pelé et coupé en cubes de 1 pouce

2 grosses carottes, coupées en morceaux de 1 pouce

3 pommes de terre moyennes, coupées en morceaux de 1 pouce

3 cuillères à soupe d'huile d'olive extra vierge

Ingrédients pour les épices

1 cuillère à café de sel

1/2 cuillère à café de poivre noir moulu

1 cuillère à café de poudre d'oignon

2 cuillères à café de poudre d'ail

1 cuillère à café de thym séché

Ingrédients pour la décoration

2 brins de thym frais hachés (facultatif)

Préchauffez votre four à 350 degrés F.

Beurrez votre plaque à pâtisserie.

Mélangez les ingrédients principaux sur la plaque à pâtisserie préparée.

Arrosez d'huile et mélangez pour bien enrober.

Mélangez les ingrédients de l'assaisonnement dans un bol.

Saupoudrez-les sur les légumes dans la poêle et retournez-les pour les enrober d'épices.

Cuire au four pendant 25 minutes.

Remuer fréquemment jusqu'à ce que les légumes soient tendres et légèrement dorés et que les pois chiches soient croustillants, env. 20 à 25 minutes supplémentaires.

Assaisonner avec plus de sel et de poivre noir au goût, garnir de thym avant de servir.

Tomates rôties et germes de soja

ingrédients

3 grosses tomates, coupées en morceaux de 1 pouce

1/2 courge musquée, pelée, épépinée et coupée en morceaux de 1 pouce

1 oignon rouge, coupé en dés

1 tasse de germes de soja

3 grosses carottes, coupées en morceaux de 1 pouce

3 cuillères à soupe d'huile de sésame

Ingrédients pour les épices

1 cuillère à café de sel

1/2 cuillère à café de poivre noir moulu

1 cuillère à café de poudre d'oignon

2 cuillères à café de poudre d'ail

1 cuillère à café de pâte de piment thaïlandais

1 cuillère à café de basilic thaï frais, haché

Ingrédients pour la décoration

2 oignons verts, hachés (facultatif)

Préchauffez votre four à 350 degrés F.

Beurrez votre plaque à pâtisserie.

Mélangez les ingrédients principaux sur la plaque à pâtisserie préparée.

Arrosez d'huile et mélangez pour bien enrober.

Mélangez les ingrédients de l'assaisonnement dans un bol.

Saupoudrez-les sur les légumes dans la poêle et retournez-les pour les enrober d'épices.

Cuire au four pendant 25 minutes.

Remuer fréquemment jusqu'à ce que les légumes soient tendres et légèrement dorés et que les pois chiches soient croustillants, env. 20 à 25 minutes supplémentaires.

Assaisonner avec plus de sel et de poivre noir au goût, garnir d'oignons verts avant de servir.

Carotte rôtie Panais Navet

Les ingrédients principaux

3 grosses tomates, coupées en morceaux de 1 pouce

3 oignons rouges coupés en dés

1 navet doux, pelé et coupé en cubes de 1 pouce

2 grosses carottes, coupées en morceaux de 1 pouce

3 panais moyens, coupés en morceaux de 1 pouce

3 cuillères à soupe d'huile d'olive extra vierge

Ingrédients pour les épices

1 cuillère à café de sel

1/2 cuillère à café de poivre noir moulu

1 cuillère à café de poudre d'oignon

2 cuillères à café de poudre d'ail

1 cuillère à café de paprika espagnol

1 cuillère à café de cumin

Ingrédients pour la décoration

2 brins de persil haché (facultatif)

Préchauffez votre four à 350 degrés F.

Beurrez votre plaque à pâtisserie.

Mélangez les ingrédients principaux sur la plaque à pâtisserie préparée.

Arrosez d'huile et mélangez pour bien enrober.

Mélangez les ingrédients de l'assaisonnement dans un bol.

Saupoudrez-les sur les légumes dans la poêle et retournez-les pour les enrober d'épices.

Cuire au four pendant 25 minutes.

Remuer fréquemment jusqu'à ce que les légumes soient tendres, environ 20 à 25 minutes de plus.

Assaisonner avec plus de sel et de poivre noir au goût, garnir de persil avant de servir.

Tomates aromatiques rôties

ingrédients

3 grosses tomates, coupées en morceaux de 1 pouce

1/2 courge musquée, pelée, épépinée et coupée en morceaux de 1 pouce

2 oignons rouges coupés en dés

1 patate douce, pelée et coupée en cubes de 1 pouce

12 tomates cerises, coupées en deux

3 pommes de terre moyennes, coupées en morceaux de 1 pouce

3 cuillères à soupe d'huile d'olive extra vierge

Ingrédients pour les épices

1 cuillère à café de sel

1/2 cuillère à café de poivre noir moulu

1 cuillère à café de poudre d'oignon

2 cuillères à café de poudre d'ail

2 cuillères à soupe de citronnelle, finement hachée

Ingrédients pour la décoration

2 brins de persil haché (facultatif)

Préchauffez votre four à 350 degrés F.

Beurrez votre plaque à pâtisserie.

Mélangez les ingrédients principaux sur la plaque à pâtisserie préparée.

Arrosez d'huile et mélangez pour bien enrober.

Mélangez les ingrédients de l'assaisonnement dans un bol.

Saupoudrez-les sur les légumes dans la poêle et retournez-les pour les enrober d'épices.

Cuire au four pendant 25 minutes.

Remuer fréquemment jusqu'à ce que les légumes soient tendres et légèrement dorés et que les pois chiches soient croustillants, env. 20 à 25 minutes supplémentaires.

Assaisonner avec plus de sel et de poivre noir au goût, garnir de persil avant de servir.

Germes de soja orientaux rôtis et brocoli

ingrédients

1 gros brocoli, tranché

1 tasse de germes de soja

1/2 courge musquée, pelée, épépinée et coupée en morceaux de 1 pouce

2 oignons rouges coupés en dés

2 grosses carottes, coupées en morceaux de 1 pouce

4 pommes de terre moyennes, coupées en morceaux de 1 pouce

3 cuillères à soupe d'huile de sésame

Ingrédients pour les épices

1 cuillère à café de sel marin

1/2 cuillère à café de poivre noir moulu

1 cuillère à café de poudre d'oignon

2 cuillères à café de poudre d'ail

1 cuillère à café de grains de poivre du Sichuan

Ingrédients pour la décoration

2 oignons verts, hachés (facultatif)

Préchauffez votre four à 350 degrés F.

Beurrez votre plaque à pâtisserie.

Mélangez les ingrédients principaux sur la plaque à pâtisserie préparée.

Arrosez d'huile et mélangez pour bien enrober.

Mélangez les ingrédients de l'assaisonnement dans un bol.

Saupoudrez-les sur les légumes dans la poêle et retournez-les pour les enrober d'épices.

Cuire au four pendant 25 minutes.

Remuer fréquemment jusqu'à ce que les légumes soient tendres et légèrement dorés et que les pois chiches soient croustillants, env. 20 à 25 minutes supplémentaires.

Assaisonner avec plus de sel et de poivre noir au goût, garnir d'oignons verts avant de servir.

Brocoli et oignon rôtis

ingrédients

1 gros brocoli, tranché

1 tasse de germes de soja

1 gros oignon rouge coupé en dés

1 patate douce, pelée et coupée en cubes de 1 pouce

2 grosses carottes, coupées en morceaux de 1 pouce

3 pommes de terre moyennes, coupées en morceaux de 1 pouce

3 cuillères à soupe d'huile de colza

Ingrédients pour les épices

1 cuillère à café de sel

1/2 cuillère à café de poivre noir moulu

1 cuillère à café de poivre de Cayenne

2 cuillères à café de poudre d'ail

Ingrédients pour la décoration

2 oignons verts, hachés (facultatif)

Préchauffez votre four à 350 degrés F.

Beurrez votre plaque à pâtisserie.

Mélangez les ingrédients principaux sur la plaque à pâtisserie préparée.

Arrosez d'huile et mélangez pour bien enrober.

Mélangez les ingrédients de l'assaisonnement dans un bol.

Saupoudrez-les sur les légumes dans la poêle et retournez-les pour les enrober d'épices.

Cuire au four pendant 25 minutes.

Remuer fréquemment jusqu'à ce que les légumes soient tendres et légèrement dorés et que les pois chiches soient croustillants, env. 20 à 25 minutes supplémentaires.

Assaisonner avec plus de sel et de poivre noir au goût, garnir d'oignons verts avant de servir.

Choux de Bruxelles rôtis et germes de soja

ingrédients

1 gros brocoli, tranché

1 tasse de germes de soja

1 oignon rouge, coupé en dés

8 choux de Bruxelles

2 grosses carottes, coupées en morceaux de 1 pouce

3 pommes de terre moyennes, coupées en morceaux de 1 pouce

3 cuillères à soupe d'huile d'olive extra vierge

Ingrédients pour les épices

1 cuillère à café de sel

1/2 cuillère à café de poivre noir moulu

1 cuillère à café de poudre d'oignon

2 cuillères à café de poudre d'ail

1 cuillère à café de graines de fenouil moulues

1 cuillère à café de sauge séchée et frottée

Ingrédients pour la décoration

2 oignons verts, hachés (facultatif)

Préchauffez votre four à 350 degrés F.

Beurrez votre plaque à pâtisserie.

Mélangez les ingrédients principaux sur la plaque à pâtisserie préparée.

Arrosez d'huile et mélangez pour bien enrober.

Mélangez les ingrédients de l'assaisonnement dans un bol.

Saupoudrez-les sur les légumes dans la poêle et retournez-les pour les enrober d'épices.

Cuire au four pendant 25 minutes.

Remuer fréquemment jusqu'à ce que les légumes soient tendres et légèrement dorés et que les pois chiches soient croustillants, env. 20 à 25 minutes supplémentaires.

Assaisonner avec plus de sel et de poivre noir au goût, garnir d'oignons verts avant de servir.

Haricots beurre rôtis et brocoli

ingrédients

2 boîtes (15 onces) de haricots beurre, rincés et égouttés

1/2 courge musquée, pelée, épépinée et coupée en morceaux de 1 pouce

1 oignon rouge, coupé en dés

1 gros brocoli, tranché

2 grosses carottes, coupées en morceaux de 1 pouce

3 pommes de terre moyennes, coupées en morceaux de 1 pouce

3 cuillères à soupe d'huile de colza

Ingrédients pour les épices

1 cuillère à café de sel

1/2 cuillère à café de poivre noir moulu

1 cuillère à café de poudre d'oignon

2 cuillères à café de poudre d'ail

1 cuillère à café d'herbes de Provence

Ingrédients pour la décoration

2 oignons verts, hachés (facultatif)

Préchauffez votre four à 350 degrés F.

Beurrez votre plaque à pâtisserie.

Mélangez les ingrédients principaux sur la plaque à pâtisserie préparée.

Arrosez d'huile et mélangez pour bien enrober.

Mélangez les ingrédients de l'assaisonnement dans un bol.

Saupoudrez-les sur les légumes dans la poêle et retournez-les pour les enrober d'épices.

Cuire au four pendant 25 minutes.

Remuer fréquemment jusqu'à ce que les légumes soient tendres et légèrement dorés et que les pois chiches soient croustillants, env. 20 à 25 minutes supplémentaires.

Assaisonner avec plus de sel et de poivre noir au goût, garnir d'oignons verts avant de servir.

Pommes de terre au four au citron et à l'ail

ingrédients

1 gros brocoli, tranché

1 tasse de germes de soja

1 oignon rouge, coupé en dés

1 patate douce, pelée et coupée en cubes de 1 pouce

2 grosses carottes, coupées en morceaux de 1 pouce

3 pommes de terre moyennes, coupées en morceaux de 1 pouce

3 cuillères à soupe de beurre/margarine végétalien, fondu

Ingrédients pour les épices

1 cuillère à café de sel citronné

1/2 cuillère à café de poivre noir moulu

1 cuillère à café de poudre d'oignon

2 cuillères à café de poudre d'ail

Ingrédients pour la décoration

2 oignons verts, hachés (facultatif)

Préchauffez votre four à 350 degrés F.

Beurrez votre plaque à pâtisserie.

Mélangez les ingrédients principaux sur la plaque à pâtisserie préparée.

Arrosez d'huile et mélangez pour bien enrober.

Mélangez les ingrédients de l'assaisonnement dans un bol.

Saupoudrez-les sur les légumes dans la poêle et retournez-les pour les enrober d'épices.

Cuire au four pendant 25 minutes.

Remuer fréquemment jusqu'à ce que les légumes soient tendres et légèrement dorés et que les pois chiches soient croustillants, env. 20 à 25 minutes supplémentaires.

Assaisonner avec plus de sel et de poivre noir au goût, garnir d'oignons verts avant de servir.

Brocoli rôti au beurre

ingrédients

1 gros brocoli, tranché

1 tasse de germes de soja

1 oignon rouge, coupé en dés

1 patate douce, pelée et coupée en cubes de 1 pouce

2 gros panais, coupés en morceaux de 1 pouce

3 pommes de terre moyennes, coupées en morceaux de 1 pouce

3 cuillères à soupe de beurre/margarine végétalien, fondu

Ingrédients pour les épices

1 cuillère à café de sel

1/2 cuillère à café de grains de poivre arc-en-ciel

1 cuillère à café de poudre d'oignon

2 cuillères à café de poudre d'ail

1 cuillère à café de graines de roucou

1 cuillère à café de cumin

Ingrédients pour la décoration

2 oignons verts, hachés (facultatif)

Préchauffez votre four à 350 degrés F.

Beurrez votre plaque à pâtisserie.

Mélangez les ingrédients principaux sur la plaque à pâtisserie préparée.

Arrosez d'huile et mélangez pour bien enrober.

Mélangez les ingrédients de l'assaisonnement dans un bol.

Saupoudrez-les sur les légumes dans la poêle et retournez-les pour les enrober d'épices.

Cuire au four pendant 25 minutes.

Remuer fréquemment jusqu'à ce que les légumes soient tendres et légèrement dorés et que les pois chiches soient croustillants, env. 20 à 25 minutes supplémentaires.

Assaisonner avec plus de sel et de poivre noir au goût, garnir d'oignons verts avant de servir.

Brocoli rôti et germes de soja

ingrédients

1 gros brocoli, tranché

1 tasse de germes de soja

1 oignon jaune coupé en dés

1 patate douce, pelée et coupée en cubes de 1 pouce

2 grosses carottes, coupées en morceaux de 1 pouce

3 pommes de terre moyennes, coupées en morceaux de 1 pouce

3 cuillères à soupe d'huile de colza

Ingrédients pour les épices

1 cuillère à café de sel

1/2 cuillère à café de poivre noir moulu

1 cuillère à café de poudre d'oignon

2 cuillères à café de poudre d'ail

Ingrédients pour la décoration

2 oignons verts, hachés (facultatif)

Préchauffez votre four à 350 degrés F.

Beurrez votre plaque à pâtisserie.

Mélangez les ingrédients principaux sur la plaque à pâtisserie préparée.

Arrosez d'huile et mélangez pour bien enrober.

Mélangez les ingrédients de l'assaisonnement dans un bol.

Saupoudrez-les sur les légumes dans la poêle et retournez-les pour les enrober d'épices.

Cuire au four pendant 25 minutes.

Remuer fréquemment jusqu'à ce que les légumes soient tendres et légèrement dorés et que les pois chiches soient croustillants, env. 20 à 25 minutes supplémentaires.

Assaisonner avec plus de sel et de poivre noir au goût, garnir d'oignons verts avant de servir.

Panais et pommes de terre rôtis simples et faciles

ingrédients

1 gros brocoli, tranché

1 tasse de germes de soja

1 oignon rouge, coupé en dés

1 patate douce, pelée et coupée en cubes de 1 pouce

2 gros panais, coupés en morceaux de 1 pouce

3 pommes de terre moyennes, coupées en morceaux de 1 pouce

3 cuillères à soupe d'huile de noix de macadamia

Ingrédients pour les épices

1 cuillère à café de sel

1/2 cuillère à café de poivre noir moulu

1 cuillère à café de poudre d'oignon

2 cuillères à café de poudre d'ail

Ingrédients pour la décoration

2 oignons verts, hachés (facultatif)

Préchauffez votre four à 350 degrés F.

Beurrez votre plaque à pâtisserie.

Mélangez les ingrédients principaux sur la plaque à pâtisserie préparée.

Arrosez d'huile et mélangez pour bien enrober.

Mélangez les ingrédients de l'assaisonnement dans un bol.

Saupoudrez-les sur les légumes dans la poêle et retournez-les pour les enrober d'épices.

Cuire au four pendant 25 minutes.

Remuer fréquemment jusqu'à ce que les légumes soient tendres et légèrement dorés et que les pois chiches soient croustillants, env. 20 à 25 minutes supplémentaires.

Assaisonner avec plus de sel et de poivre noir au goût, garnir d'oignons verts avant de servir.

Betterave et pomme de terre au four

ingrédients

1 ½ dl de choux de Bruxelles hachés

1 tasse de gros morceaux de pommes de terre

1 tasse de gros morceaux de carottes arc-en-ciel

1½ tasse de fleurons de chou-fleur

1 tasse de betteraves coupées en dés

1/2 tasse de morceaux d'oignon rouge

2 cuillères à soupe d'huile d'olive extra vierge

sel et poivre noir moulu au goût

Préchauffez votre four à 425 degrés F (220 degrés C).

Placez la grille au deuxième niveau le plus bas du four.

Versez de l'eau avec un peu de sel dans un récipient.

Faites tremper les choux de Bruxelles dans de l'eau salée pendant 15 minutes et égouttez-les.

Mélangez le reste des ingrédients dans un bol.

Étalez les légumes en une seule couche sur une plaque à pâtisserie.

Rôtir au four jusqu'à ce que les légumes commencent à dorer et à bien cuire, environ 45 minutes.

Carottes et patates douces rôties

ingrédients

3/4 tasse de choux de Bruxelles, hachés

1,5 tasse de gros morceaux de patate douce

1,5 tasse de gros morceaux de carottes arc-en-ciel

1½ tasse de fleurons de brocoli

1 tasse de betteraves coupées en dés

1/2 tasse de morceaux d'oignon rouge

2 cuillères à soupe d'huile d'olive extra vierge

Sel de mer

poivre noir moulu au goût

Préchauffez votre four à 425 degrés F (220 degrés C).

Placez la grille au deuxième niveau le plus bas du four.

Versez de l'eau avec un peu de sel dans un récipient.

Faites tremper les choux de Bruxelles dans de l'eau salée pendant 15 minutes et égouttez-les.

Mélangez le reste des ingrédients dans un bol.

Étalez les légumes en une seule couche sur une plaque à pâtisserie.

Rôtir au four jusqu'à ce que les légumes commencent à dorer et à bien cuire, environ 45 minutes.

Épinards et panais au four

INGRÉDIENTS

1 ½ livre de panais, pelés et coupés en morceaux de 1 pouce

½ oignon rouge, tranché finement

¼ tasse d'eau

½ cube de bouillon de légumes émietté

1 cuillère à soupe. Huile d'olive vierge extra

½ cuillère à café de cumin

½ cuillère à café de graines de roucou

½ cuillère à café de poivre de Cayenne

½ cuillère à café de poudre de chili

Poivre noir

½ livre d'épinards frais, hachés

Mettez tous les ingrédients dans une mijoteuse sauf le dernier.

Garnir d'une poignée d'épinards et remplir la mijoteuse.

Si vous ne parvenez pas à tout mettre en même temps, laissez d'abord cuire le premier lot et ajoutez un peu plus d'épinards.

Cuire 3 à 4 heures à feu moyen jusqu'à ce que les pommes de terre soient tendres.

Racler les côtés et servir.

Chou frisé rôti et patates douces

INGRÉDIENTS

1 ½ livre de patates douces, pelées et coupées en morceaux de 1 pouce

½ oignon, tranché finement

¼ tasse d'eau

½ cube de bouillon de légumes émietté

1 cuillère à soupe. Huile d'olive vierge extra

½ cuillère à café de cumin

½ cuillère à café de piment jalapeno, haché

½ cuillère à café de paprika

½ cuillère à café de poudre de chili

Poivre noir

½ livre de chou frisé frais, haché

Mettez tous les ingrédients dans une mijoteuse sauf le dernier.

Garnir d'une poignée de chou frisé et remplir la mijoteuse.

Si vous ne parvenez pas à tout mettre en même temps, laissez d'abord cuire le premier lot et ajoutez un peu plus de chou frisé.

Cuire 3 à 4 heures à feu moyen jusqu'à ce que les pommes de terre soient tendres.

Racler les côtés et servir.

Cresson au four et carottes façon Sichuan

INGRÉDIENTS

1 ½ livre de carottes, pelées et coupées en morceaux de 1 pouce

½ oignon rouge, tranché finement

¼ tasse d'eau

½ cube de bouillon de légumes émietté

1 cuillère à soupe. huile de sésame

½ cuillère à café de poudre de 5 épices chinoises

½ cuillère à café de grains de poivre du Sichuan

½ cuillère à café de poudre de chili

Poivre noir

½ livre de cresson frais, haché

Mettez tous les ingrédients dans une mijoteuse sauf le dernier.

Garnir d'une poignée de cresson et remplir la mijoteuse.

Si vous ne parvenez pas à tout mettre en même temps, laissez d'abord cuire le premier lot et ajoutez un peu plus de cresson.

Cuire 3 à 4 heures à feu moyen jusqu'à ce que les carottes soient tendres.

Racler les côtés et servir.

www.ingramcontent.com/pod-product-compliance
Lightning Source LLC
Chambersburg PA
CBHW071832110526
44591CB00011B/1303